清正廉洁

《读 · 党史》第13辑

中共党史出版社

图书在版编目(CIP)数据

清正廉洁/中共党史出版社编．—北京：中共党史出版社，2013.6(2022.7 重印)

（读·党史）

ISBN 978-7-5098-2133-6

Ⅰ.①清… Ⅱ.①中… Ⅲ.①中国共产党—党风建设—学习参考资料 Ⅳ.①D261.3

中国版本图书馆 CIP 数据核字(2013)第 096710 号

启事：本书选用的部分文字、图片，来源于各正式出版物。其中还有部分作品尚未与有关作者、编者取得联系，我们深感不安。恳请有关权利人联系我社，我们将按《著作权法》的相关规定支付稿酬。（联系人：陈海平　电话：010—82517160）

责任编辑：吴　江

出版发行：中共党史出版社

社　　址：北京市海淀区芙蓉里南街6号院1号楼

邮　　编：100080

网　　址：www.dscbs.com

经　　销：新华书店

印　　刷：北京君升印刷有限公司

开　　本：145mm×210mm　1/32

字　　数：115 千字

印　　张：5

印　　数：9001—11000 册

版　　次：2013 年 6 月第 1 版

印　　次：2022 年 7 月第 4 次印刷

ISBN 978-7-5098-2133-6

定　　价：15.00 元

目 录

CONTENTS

目录
CONTENTS

目录

CONTENTS

目录
CONTENTS

一、经典论述

（巴黎公社）彻底清除了国家等级制，以随时可以罢免的勤务员来代替骑在人民头上作威作福的老爷们，以真正的负责制来代替虚伪的负责制，因为这些勤务员经常是在公众监督之下进行工作的。

——马克思：《法兰西内战》

为了防止国家和国家机关由社会公仆变为社会主人——这种现象在至今所有的国家中都是不可避免的，——公社采取了两个正确的办法。第一，它把行政、司法和国民教育方面的一切职位交给由普选选出的人担任，而且规定选举者可以随时撤换被选举者。第二，它对所有公职人员，不论职位高低，都只付给跟其他工人同样的工资……也能可靠地防止人们去追求升官发财了。

——恩格斯：《〈法兰西内战〉导言》

只要有贪污这种现象，只要有贪污的可能，就谈不到政治，甚至连搞政治的门径都没有……在容许有贪污行为以及贪污之风盛行的条件下实行法律，法律只会产生更坏的结果。

——列宁：《新经济政策和政治教育局的任务》

一、经典论述

毫无节制地庆祝各种节日，举行各种庆祝大会、纪念典礼、纪念碑揭幕式等等。几万几十万卢布白白糟蹋在这些“事业”上。各色各样的纪念对象和盛大仪式的爱好者在我们这里如此之多，纪念半周年、周年、二周年等等典礼的心愿如此之大，要满足这种需要，真得有几千万卢布才行。同志们，应该结束这种共产党员所不应有的放荡行为了。

——斯大林：《关于苏联经济状况和党的政策》

应该使一切政府工作人员明白，贪污和浪费是极大的犯罪。

——毛泽东：《我们的经济政策》（1934年）

共产党员无论何时何地都不应以个人利益放在第一位，而应以个人利益服从民族的和人民群众的利益。因此，自私自利，消极怠工，贪污腐化，风头主义等等，是最可鄙的；而大公无私，积极努力，克己奉公，埋头苦干的精神，才是可尊敬的。

——毛泽东：《中国共产党在民族战争中的地位》（1938年）

可能有这样一些共产党人，他们是不曾被拿枪的敌人征服过的，他们在这些敌人面前不愧英雄的称号；但是经不起人们用糖衣裹着的炮弹的攻击，他们在糖弹面前要打败仗。我们必须预防这种情况。夺取全国胜利，这只是万里长征走完了第一步。如果这一步也值得骄傲，那是比较渺小的，更值得骄傲的还在后头。……中国的革命是伟大的，但革命以后的路程更长，工作更伟大，更艰苦。这一点现在就必须向党内讲明白，务必使同志们继续地保持谦虚、谨慎、不骄、不躁的作风，务必使同志们继续地保持艰苦奋斗的作风。

——毛泽东：《在中国共产党第七届中央委员会第二次全体会议上的报告》（1949年）

根本的是我们要提倡艰苦奋斗，艰苦奋斗是我们的政治本色。

——毛泽东：《艰苦奋斗是我们的政治本色》(1956年)

我们一手抓改革开放，一手抓惩治腐败，这两件事结合起来，对照起来，就可以使我们的政策更加明朗，更能获得人心。

——邓小平：《第三代领导集体的当务之急》(1989年)

我们要反对腐败，搞廉洁政治。不是搞一天两天、一月两月，整个改革开放过程中都要反对腐败。

——邓小平：《我们有信心把中国的事情做得更好》(1989年)

对干部和共产党员来说，廉政建设要作为大事来抓。还是要靠法制，搞法制靠得住些。

——邓小平：《在武昌、深圳、珠海、上海的讲话要点》(1992年)

我们最大的失误是在教育方面，思想政治工作薄弱了，教育发展不够。……最重要的一条是，在经济得到可喜发展、人民生活水平得到改善的情况下，没有告诉人民，包括共产党员在内，应该保持艰苦奋斗的传统。坚持这个传统，才能抗住腐败现象。

——邓小平：《保持艰苦奋斗的传统》(1989年)

廉洁奉公，勤政为民，要从各级领导机关和领导干部做起。党员领导干部首先是高中级干部，要严以律己，以身作则，教育好子女，并且带头同腐败现象斗争。

——江泽民：《加快改革开放和现代化建设步伐夺取有中国特色社会主义事业的更大胜利》(1992年)

一、经典论述

反腐败不可能毕其功于一役，要一个问题一个问题地解决，一个案子一个案子去查处，一步一步地引向深入。如果稍有放松，就可能前功尽弃。一定要树立持久作战的思想。

——江泽民：《在中纪委第三次全体会议上的讲话》（1994年）

反对腐败是关系党和国家生死存亡的严重政治斗争。我们党是任何敌人都压不倒、摧不垮的。堡垒最容易从内部攻破，绝不能自己毁掉自己。如果腐败得不到有效惩治，党就会丧失人民群众的信任和支持。

——江泽民：《高举邓小平理论伟大旗帜，把建设有中国特色社会主义事业全面推向二十一世纪》（1997年）

坚持标本兼治，教育是基础，法制是保证，监督是关键。通过深化改革，不断铲除腐败现象滋生蔓延的土壤。党委统一领导，党政齐抓共管，纪委组织协调，部门各负其责，依靠群众的支持和参与，坚决遏制腐败现象。

——江泽民：《高举邓小平理论伟大旗帜，把建设有中国特色社会主义事业全面推向二十一世纪》（1997年）

各级党委要充分认识反腐败斗争的长期性、艰巨性、复杂性，把反腐倡廉建设放在更加突出的位置，坚持标本兼治、综合治理、惩防并举、注重预防的方针，建立健全教育、制度、监督并重的惩治和预防腐败体系，在坚决惩治腐败的同时，更加注重治本，更加注重预防，更加注重制度建设，加强领导干部廉洁自律工作，坚决查办违纪违法案件。

——胡锦涛：《在中央党校省部级干部进修班上的讲话》（2007年）

坚持深化改革和创新体制，加强廉政文化建设，形成拒腐防变教育长效机制、反腐倡廉制度体系、权力运行监控机制。

——胡锦涛：《高举中国特色社会主义伟大旗帜　为夺取全面建设小康社会新胜利而奋斗》（2007年）

反腐倡廉制度建设是惩治和预防腐败体系建设的重要内容，是加强反腐倡廉建设的紧迫任务。要以建立健全惩治和预防腐败体系各项制度为重点，以制约和监督权力为核心，以提高制度执行力为抓手，加强整体规划，抓紧重点突破，逐步建成内容科学、程序严密、配套完备、有效管用的反腐倡廉制度体系，切实提高制度执行力、增强制度实效。

——胡锦涛：《在中国共产党第十七届中央纪律检查委员会第五次全体会议上的讲话》（2010年）

坚决惩治和有效预防腐败，关系人心向背和党的生死存亡，是党必须始终抓好的重大政治任务。

——胡锦涛：《在庆祝中国共产党成立90周年大会上的讲话》（2011年）

大量事实告诉我们，腐败问题越演越烈，最终必然会亡党亡国！我们要警醒啊！近年来我们党内发生的严重违纪违法案件，性质非常恶劣，政治影响极坏，令人触目惊心。各级党委要旗帜鲜明地反对腐败，更加科学有效地防治腐败，做到干部清正、政府清廉、政治清明，永葆共产党人清正廉洁的政治本色。

——习近平：《在十八届中共中央政治局第一次集体学习时的讲话》（2012年）

一、经典论述

从严治党，惩治这一手决不能放松。要坚持“老虎”、“苍蝇”一起打，既坚决查处领导干部违纪违法案件，又切实解决发生在群众身边的不正之风和腐败问题。要坚持党纪国法面前没有例外，不管涉及到谁，都要一查到底，决不姑息。

——习近平：《在中国共产党第十八届中央纪律检查委员会第二次全体会议上的讲话》（2013年）

要加强对权力运行的制约和监督，把权力关进制度的笼子里，形成不敢腐的惩戒机制、不能腐的防范机制、不易腐的保障机制。各级领导干部都要牢记，任何人都没有法律之外的绝对权力，任何人行使权力都必须为人民服务、对人民负责并自觉接受人民监督。

——习近平：《在中国共产党第十八届中央纪律检查委员会第二次全体会议上的讲话》（2013年）

深入推进党风廉政建设和反腐败斗争，需要坚持发扬我们党在反腐倡廉建设长期实践中积累的成功经验，需要积极借鉴世界各国反腐倡廉的有益做法，也需要积极借鉴我国历史上反腐倡廉的宝贵遗产。研究我国反腐倡廉历史，了解我国古代廉政文化，考察我国历史上反腐倡廉的成败得失，可以给人以深刻启迪，有利于我们运用历史智慧推进反腐倡廉建设。

——习近平：《在中共中央政治局第五次集体学习时的讲话》（2013年）

中国古代清廉思想嘉言录

思想家说

政者，正也。子帅以正，孰敢不正！

——《论语·颜渊》

释义：政教的核心是齐正，（作为大臣的首脑）如果能做清正表率，下面谁还敢不正呢！

子曰：“其身正，不令而行。其身不正，虽令不从。”

——《论语·子路》

释义：为政者自己行得正，不用教令，政策也能推行；自己行得不正，即使教令滋生下面也不会跟从。

祸莫大于不知足，咎莫大于欲得。故知足之足，常足矣。

——《老子·四十四章》

释义：祸患没有比不知足更大的了，罪过没有比贪得无厌更大的了，所以知足知止的人，永远是满足的。

去无用之费，圣王之道，天下之大利也。

——《墨子·节用》

释义：去除那些没用的浪费，是圣王之道，是天下的大利。

俭节则昌，淫佚则亡。

——《墨子·辞过》

释义：俭朴有节度，国家就昌明；奢靡无限度，国家就灭亡。

居天下之广居，立天下之正位，行天下之大道，得志与民由之，不得志独行其道。富贵不能淫，贫贱不能移，威武不能屈：此之谓大丈夫。

——《孟子·滕文公下》

释义：以天下为居所，立于阳刚纯正的位置，施行仁义之道，得志与百姓共行，不得志独善其身。富贵不能乱其心，贫贱不能易其行，威武不能挫其志，才称得上大丈夫。

孟子曰：可以取，可以无取，取伤廉。

——《孟子·离娄下》

释义：孟子说：可以拿的拿了，不伤廉；不可以拿的拿了，于廉洁有伤。

养心莫善於寡欲。其为人也寡欲，虽有不存焉者，寡矣。其为人也多欲，虽有存焉者，寡矣。

——《孟子·尽心下》

释义：养心没有比寡欲更好的了。那些为人清心寡欲的，虽然也有败亡的，但是少数；那些为人贪婪多欲的，虽然也有保全的，但是少数。

四维不张，国乃灭亡。……何谓四维？一曰礼，二曰义，三曰廉，四曰耻。礼不逾节，义不自进，廉不蔽恶，耻不从枉。

——《管子·牧民》

释义：国家的四个支撑都不发扬，国家就会灭亡。什么是四维呢，一是礼，二是义，三是廉，四是耻。有礼就不会越过规范，有义就不会妄自求进，有廉就不会掩饰过错，有耻就不会趋从歪风。

所谓方者，内外相应也，言行相称也。所谓廉者，必生死之命也，轻恬资财也。所谓直者，义必公正，心不偏党也。所谓光者，官爵尊贵，衣裘壮丽也。……故曰："方而不割，廉而不刿，直而不肆，光而不耀。"

——《韩非子·解老》

释义：所谓方，指表里一致，言行相称。所谓廉，指舍生忘死，看轻资财。所谓直，指道义公正，心不偏私。所谓光，指官爵尊贵，衣服华丽。……所以《老子》说："圣人方正但不割伤人，锐利但不刺伤人，直率但不放纵，光彩但不炫耀。"

夫君子之行，静以修身，俭以养德，非淡泊无以明志，非宁静无以致远。

——诸葛亮《诫子书》

释义：君子之行，宁静以修身，俭朴以养德，不淡泊无法让志向明，不宁静无法让心境远。

有德者，皆由俭来也。夫俭则寡欲，君子寡欲，则不役于物，可以直道而行；小人寡欲，则能谨身节用、远罪丰家。故曰：俭，德之共也。

——司马光《训俭示康》

释义：有德之人，都是从俭朴开始修养的。俭朴则能寡欲，君子寡欲，就不会被外物所役使，可以直道而行；小人寡欲，也能言行谨慎，节俭用度，远离罪责，丰厚家用。所以说，俭朴是美德的总阀。

富贵福祥，将厚吾之生也；贫贱忧戚，庸玉汝于成。

——张载《正蒙·乾称》

释义：富贵吉祥，能让人生活优厚；而贫贱忧伤，可以磨炼人助人成功。

诚欲正朝庭以正百官，当以激浊扬清为第一要义。

——顾炎武《与公肃甥书》

释义：要兴国安邦正百官，就必须先要扶正祛邪，弘扬正义。

诗词联语

朕幼清以廉洁兮，身服义而未沫。主此盛德兮，牵於俗而芜秽。

——屈原《楚辞·招魂》

朕：指屈原自己。服：践行。沫：微弱，引申为消减。主：持守。芜秽：枯烂。这句是"廉洁"一词最早的出处。

历览前贤国与家，成由勤俭败由奢。

——李商隐《咏史》

背景：李商隐是晚唐著名诗人。晚唐前期，穆宗、敬宗荒淫无度，加剧了唐朝的衰败。之后的文宗勤俭节约，针对前朝弊政采取了一些措施。此诗作于文宗死后。

名利处，战争多，门前蛮触日干戈。

——辛弃疾《鹧鸪天·睡起即事》

蛮触：语出《庄子·则阳》："有国于蜗之左角者曰触氏，有国于蜗之右角者曰蛮氏，时相与争地而战"，比喻争斗双方。

千锤万凿出深山，烈火焚烧只等闲。
粉骨碎身全不怕，要留清白在人间。

——于谦《石灰吟》

背景：于谦是明朝著名的民族英雄，官至兵部侍郎。明朝五十万大军在土木堡被瓦剌军打败，明英宗被俘。瓦剌军打到北京城下，于谦率军抵抗，打败了敌军。英宗复位后，把于谦杀害了。这首《石灰吟》是于谦年轻时所做，是他一生的写照。

绢帕蘑菇又线香，本资民用反为殃。
清风两袖朝天去，免得闾阎话短长。

——于谦《入京诗》

背景：于谦任巡抚时，朝中宦官王振掌权，每逢朝会，各地官僚多献以白银珠宝，而于谦每次进京奏事不带任何礼品。他的同僚劝他带些线香、蘑菇、手帕等土特产，于谦作《入京诗》以表心声。"两袖清风"即出自此诗。

乌纱掷去不为官，囊橐萧萧两袖寒。
写取一枝清瘦竹，秋风江上作渔竿。

——郑板桥《题画诗》

背景：乾隆十八年山东大旱，时任潍县县令的郑板桥因请求赈灾济民而得罪上司。他决定弃官回乡，潍县的士绅百姓挽留。郑板桥画了一幅竹子留赠，这首诗就题在上面，表现了诗人两袖清风、不愿与世俗同流合污的节操。

身后有余忘缩手
眼前无路想回头

——曹雪芹《红楼梦》

背景：这副联语出自《红楼梦》第二回。贾雨村升了知府后，由于贪污，又被人算计，不到一年被革职。一天他到智通寺游览看到这副对联，觉其文虽浅近，义则深刻。

力微任重久神疲，再竭衰庸定不支。
苟利国家生死以，岂因祸福避趋之？
谪居正是君恩厚，养拙刚于戍卒宜。
戏与山妻谈故事，试吟断送老头皮。

——林则徐《赴戍登程口占示家人》

背景：这首诗林则徐作于被充军去伊犁途经西安时。诗中表明了他在禁烟抗英问题上不顾个人安危，为国为民，一身正气，坚持到底。

官　箴

利不可虚受，名不可苟得。

——汉·挚峻《报司马长子书》

理官莫如平，临财莫如廉。廉平之德，吏之宝也。

——唐·武则天《臣轨》

廉者，民之表也；贪者，民之贼也。

——宋·包拯《乞不用赃吏》

二、传统源流

居官一陷贪墨，终身不可洗涤，故为官以廉为先。

——宋·陈襄《州县提纲》

当官之法，唯有三事，曰清、曰慎、曰勤。知此三者，可以保禄位，可以远耻辱，可以得上之知，可以得下之援。

——宋·吕本中《官箴》

官无大小，凡事只是一个公。若公时，做得来也精彩，便若小官，人也望风畏服；若是不公，便是宰相，做来做去，也只得个没下梢。

——宋·朱熹《朱文公政训》

欲为清白吏，必自节用始。

——清·汪辉祖《学治臆说》

公生明，廉生威。吏不畏吾严而畏吾廉，民不服吾能而服吾公。公则民不敢慢，廉则吏不敢欺。

——清·《官箴》

（陈玉鹏选编）

古代中国社会廉洁政治的历史沉思*

/郭树伟

王夫之(1619—1692)又称王船山,湖南衡阳人,与黄宗羲、顾炎武并称为明末清初"三大思想家",世称"船山先生"。王夫之著述甚丰,《读通鉴论》是其代表作。《读通鉴论》一书对古代中国社会从秦汉到唐五代时期的政治举措作了考察。其中,对历朝统治者反贪腐、澄清吏治的措施和效果的考察,是这部书的一个重要方面。该书所揭示的历代王朝在廉政方面的利弊得失,尤其是贪腐亡国的深刻教训和廉政主张,为我们加强反腐倡廉建设留下了有益的镜鉴。

* 节选自《中国纪检监察报》2012年2月7日。

一、应把廉政贯穿于国家政策制定中

(一)

《读通鉴论》一书认为,统治者应把廉政作为国家政治建设的基本国策之一,在确立政治、经济、法制、思想文化宣传等方面制度时,都应顾及廉政的内容。对此,王夫之揭示了隋唐两朝经济政策和廉政制度失误的教训。

王夫之认为,隋唐两朝实行的两种财政政策最终宽严皆失,原因是国家廉政制度的缺失。隋朝实行贪吝财政政策的结果是"财聚民散",并没有走向统治者所期望的国富民强的初衷。而唐朝实行"散财于民"的财政政策,又引发了"竞为奢侈"的贪腐奢侈之风，最终导致国家覆亡。这两种财政政策都造成了恶劣的政治后果。

隋文帝奉行"富有四海，求盈不厌，侈其多藏，重毒天下，为恶之大而已矣"。其财政政策最初设想是以富国为目的，却没料到过度的聚敛搜刮，竟导致天怒人怨、国家败亡。"大俭之后，必生奢男"。随后，隋炀帝穷奢极欲、挥霍浪费，正是对隋文帝的贪吝财政政策的一种报复。而隋末的大规模农民起义，对隋文帝贪吝财政政策极具讽刺意味。因朝廷过度聚敛，迫使老百姓啸聚山林，其聚敛的粮财反成为农民起义军的粮饷。而这批粮饷一直用到唐高祖李渊时期，诚可谓"多藏厚亡"。王夫之分析认为："隋文帝之俭，非俭也，吝也，不共其德而徒厚其财也。"隋文帝的"节约政策"不能说是节约，不与天下百姓共享其财，其实是一种贪婪和吝啬，亡国破家是其必然结果。

继之而起的唐朝统治者，借鉴隋朝亡国的教训，采取"散财于民、藏富于民"的财政政策，却又走向另一个极端。"盖唐自立国以来，竞为奢侈，以衣裘仆马亭榭歌舞相尚，……李林甫、元载、王涯之狼藉；姚崇、张说、韦皋、李德裕之豪华；……朝士以贿而容奸，逆臣亦以贿而自固"。唐朝的财政政策虽然没有"财聚民散"之弊，却导致了世风日下、道德滑坡。国家高层官僚李林甫、元载、王涯等贪腐事件层出不穷，而姚崇、张说、韦皋、李德裕等高层官僚，极尽奢侈浮华之能事，官员风尚败坏。即如该书所说："唐之乱，贿赂充塞于天下为之耳。凡三百余年，自卢怀慎、张九龄、裴休而外，唐之能饰簋簋(为官廉洁称为'饰簋簋')以自立于金帛之外者无有。"唐朝官员的集体腐败，以致"贿赂之败人国家，如鸩之必死"。王夫之认为，这是统治者在国家政策方面的缺陷导致的恶果。

《读通鉴论》一书认为，如果整个社会贪腐之风盛行，各级官吏层层盘剥，老百姓无疑是难以转嫁损失的社会底层，最后为贪腐“买单”，进而引发社会动乱，最终危及国家安全。因此，反贪腐、澄清吏治与国家政权存亡攸关。

王夫之在此为我们描述了贪腐亡国的路径：先是老百姓为完税而疲于奔命，继而是作为社会单元的个体家庭寅吃卯粮、财务透支，造成百姓居家生活艰难，即如唐诗所云：“二月卖新丝，五月粜新谷。医得眼前疮，剜却心头肉。”其后是社会底层抗税的百姓，身陷囹圄。再其后是百姓“流亡日苦、起为盗贼”。这种不安定的社会局面，又进一步为官吏贪腐提供了温床：“墨吏得此以张其威焰，猾胥得此以雠其罔毒。”最后是“国日蠹、民日死”。隋朝的社会发展全局如此，唐朝安史之乱之后的江南局势，亦复如此。因贪腐而亡国的情形，在历朝演变的路径大致相似。由此可见，廉洁政治是保证国家政治安全、社会和谐的重大课题，应当引起统治者的足够重视。

廉洁政治是一项系统工程，其中涉及国家的财政政策、思想文化、官员风尚等，统治者应通盘考虑，切不可顾此失彼。王夫之总结了隋唐两朝财政政策的利弊得失，为统治阶级的廉洁政治建设提供了深刻的历史教训。

（二）

《读通鉴沦》一书，并没有停留在对社会贪腐现象的观察上。王夫之由表及里，深入挖掘了官员贪腐的思想文化根源，为廉洁政治建设开出了一剂良药。

封建社会的“家天下”结构，使皇帝过分考虑皇族利益，为一己之大私。隋文帝过分顾及自己的“家天下”，厚敛于民，于是有了“贪吝”的报应。而官员则考虑自己“天下之家”的利益，为一己之大私。王夫之认为，由于官员贪腐是为其子孙后代打算，所以，反贪腐应标本兼治，“拔本塞源，施以禁锢之罚”。换言之，既要反贪腐，也要加强官员廉政教育，要对官员子弟的吃穿用度，从法制和道德等方面予以监督和制约，并以此为契机，打造一种廉洁的社会风气。应该让官员及其子弟懂得，如果自己享用贪腐之财，则将被社会所谴责。“为子孙者，虽拥肥而立，而士类弗齿；……人士羞与为朋侣”。

在王夫之看来，如果官员子弟受到约束，“子孙先怵，妻妾内忧”，官员就不会有过分的贪念，贪腐行为就会收敛。如果官员没有贪腐行为，又会减少朝廷与百姓争利，“亦可藉手以寡怨于百姓”，造成一种和谐的社会氛围。采取这样的防治措施，可以消除社会不稳定因素，同时也是对官员子弟的一种保护，是国家移风易俗、反贪腐、打造和谐社会的有益途径。

(三)

《读通鉴论》一书在建立高层廉政战略方面，注意到这样一个问题：如何分配国家高层反贪腐所得的财货？而这类财货的数量往往很大。比如，清朝大贪官和珅贪腐事发，世人称之为“和珅跌倒、嘉庆吃饱”。嘉庆皇帝这种处理贪腐财货的方法，给后人留下了笑柄。这虽然是王夫之以后的事情，但王夫之对此类问题确有先见之明。

王夫之认为，国家反贪腐所得的财货，本是贪官污吏盘剥百姓而来，国家不应苟得，应该还之于民，或减税于民。他在书中说：贪官污吏的“乱国之财赋”，如果被收缴上来，老百姓当然高兴，但作为最高统治者，不能据为己有。因为，这样做，很难赢得民心。

如果皇帝经常以反贪腐之名增加国家收入，实际上是国家对老百姓的税外之税。朝廷又会形成一种印象：国家税赋已经收了一部分，而反贪腐又能获得这笔财货，看来，老百姓还能再拿出一些税。于是，统治者就会滋生增税的念头。这样，老百姓会怀疑你的本意不是反贪腐，而是聚敛财货，会导致社会舆情恶化。政府贪恋小利，甚至将其作为制度来执行，老百姓就会苦不堪言。

王夫之认为，如果国家得到反贪腐的财货，就应视其为“诫恶墨吏之横征”，这也是取之于民的财富。朝廷应该量入为出、为生民计，体恤百姓完税之难；应视具体情况，减少以后的赋税。“恤民困而念国之匮也，句勘得实，以抵来岁之赋，可以纾一时之急，而民亦苏矣”。这样做，既能取悦于民，又能减少百姓之困，从而使“民知税有定额，而吏亦戢”。让老百姓知道政府没有额外之税，官吏的贪腐行为也会有所收敛，从而扩大反贪腐的社会效果。这才是处理反贪腐所得财货的正确方法。

二、应加强官员廉政教育，反对官员“清而矜、清而伪、清而朋、清而钝”

（一）

《读通鉴论》一书认为，朝廷官员（包括皇帝）的道德操守如何，始终是反贪腐的重大课题。“人之能为大不韪者，非其能无所惧也，唯其能无所耻也。……故管子曰：廉耻，国之维也”。基于这种认识，王夫之认为，统治者要对各级官员进行廉政教育，高层官员尤其要不贪苟得之财，注意自身的清廉。王夫之阐述了贿赂公行的社会危害性：“唐之乱，贿赂充塞于天下为之耳。”唐朝的衰亡，贿赂公行是一个重要原因。因此，皇帝和权臣坚持清正廉洁，是对一般官员廉政教育的源头之水。

皇帝和权臣不仅要自身清廉，还要选好身边的“十数人”和“二三人”，抓好身边官员的清廉。“上官则九州之大，十数人而已，司宪者弗难知也；居中司宪者，二三人而已，天子弗难知也。顾佐洁身于台端（侍御史别称），而天下无贪吏，握风纪之枢，以移易清浊之风者，止在一人”。皇帝固然不能具体抓每一起贪腐案件，但应选好身边人，抓好身边人的清廉。皇帝应从身边官员的选拔抓起，努力造成一种廉洁的风尚，取得以小搏大、以寡驭众的效果。所谓“慎之于选任之日，奖之以君子之道”，是说在官员选拔之初，就应以君子的标准要求他们，用道德廉耻观教育他们，引导官员走清廉之路。

王夫之批评了东汉灵帝、北齐高洋帝"不教而杀"的反贪腐举措，这种临时性"不教而杀"的反贪腐举措，只是皇帝哗众取媚天下的噱头，并非治本之策。只有平时加强官员廉政教育，才是反贪腐的正途。

同时，《读通鉴论》一书提出了打造清廉大环境对吏治清明的重要性。王夫之认为，时逢乱世，官员会以秉公守法的名义，主动索贿；反之，如果形成了清廉大环境，官员就会远离贪腐、自觉"养廉"。由此而来，官员的清廉美德就会受到社会尊重，请托和受贿现象就会减少。

王夫之还把清廉作为铨选官员的首要规范："论官常者曰：清也，慎也，勤也。而清其本矣。"说清廉为政是官员铨选的第一要则。王夫之给出了具体的解释：如果一个官员能够清廉，而不能谨慎和勤奋，可以让他居于清要之地，其有可能举重若轻、删繁就简，避免陷入事务主义，更多地从战略层面思考国家问题，甚至可能成为社稷之臣(栋梁之才)；如果一个官员不清廉，同时也不勤奋、不谨慎，那么他犯错误所构成的危害相对会小一点，犯了错误也容易被人发现。最可怕的是一个官员不清廉，却能勤奋和谨慎，其"乃为天下之巨奸"。朝廷对他进行考核时，还会因其勤奋、谨慎而原谅他的贪腐行为。实际上，这种官员的勤奋和谨慎具有欺骗性和危害性，更应将其剔除出官员队伍。

（二）

在考察官员清廉为政方面，王夫之深刻分析了官员"清而矜、清而伪、清而朋、清而钝"等不良现象，反映了他对廉洁政治的独特思考。

王夫之认为，官员的清廉应当出之内心自觉，不能有"位外之图"，不能沽名钓誉。他批评了东汉和宋朝某些官员的"清矜"行为。东汉时，有些官员以清廉自我标榜，其中虽然不乏清廉之士，但也出现了伪清廉的人。清廉是官员对自己的道德诉求，应以爱民为出发点。如果清廉仅仅是为了获取好名声，即如“清而矜”、“清而伪”的官员，其清廉并不是出自内心，而是沽名钓誉，也就起不到劝善励后的作用。

《读通鉴论》一书指出，在官员清廉为政方面，还有一种“清而钝”、“清而朋”的官员，这种人实为国之巨蠹。这种“清官”，以清廉为旗号，相标榜，对别人提出过高的道德要求，干扰国家政策执行，以小节害大局。他们除了“以清节著闻”外，还以结党内讧为能事，遇事则颟顸踟蹰，不能有所作为，甚至妨碍别的官员有所作为。这种清官的危害甚至超过贪官，在“汉、宋之世，多有之矣。”

王夫之举出了真清廉的榜样——唐朝初年的三位宰相：宋璟“清而劲”，卢怀慎“清而慎”，张九龄“清而和”。这三人不但都很清廉，而且不严苛地对待下属，不掣肘有才能的人。卢怀慎就不以“孤介自旌”，不妨碍同僚宰相姚崇的施政；张九龄能超然于毁誉之外，和权相李林甫和谐共处。他们不因一己的清正而引起党争，同心协力，开创了“开元盛世”的局面。

王安石的清廉* /齐养乾

北宋中叶，史治腐败，各级封建政府中的官僚、吏胥贪污受贿成风，清托送礼盛行。王安石认为这种情况对于政令的推行是极为有害的，因而他以宰相的身份，主持制定"重法"以杜绝贿赂请托、枉法受贿等弊端。而且，他本人以身作则，身体力行。

据《五总志》记载，有一次，一位地方官送来一块砚石，当面对他说："这块砚石真好！"王安石问他："好在哪里呢？"那人说："呵之可得水！"王安石笑道："一块砚石，能呵出多少水呢？纵得一担水，又能值几何？"那人原以为王安石善于诗文，自然喜爱文房四宝，因而投其所好，送来一块砚石，想不到这位大宰相不但不"赏光笑纳"，反而将他奚落了一通，他只好收回砚石羞愧地溜走了。

据《梦溪笔谈》记载，王安石曾患过喘咳症，需用紫团山参配药治疗，而当时京师又买不到，急得相府的上下不知如何是好。恰在此时，他的好友薛师政从河东还京师，带回紫团参，立刻取出数两献给王安石。王安石拒不接受，他的下级劝他收下，对他说："大人的病非此药治不可，治病要紧啊！"王安石说："我平生无紫团参，亦活到今日。"

在宋人笔记中，还记载了这

* 选自《党风与廉政》2003年第9期。

王安石像

样一件事：王安石面色黝黑，门人以问医，医曰："此垢污所致，非病状，以澡豆洗面可除。"这位医人送来了一些澡豆，献给王安石。王安石笑着说："天生黑于予，澡豆其于予何！"谢绝了这位医人的好意。

王安石晚年家居金陵城外，去城七里，平日乘一驴，所居之地，四无人家，其宅仅蔽风雨，又不设垣墙。行人劝他筑墙，他不予问答；行人劝他出门坐轿，他却说："岂可以人代畜！"

王安石当政时，对于那些枉法贪赃、纳贿受馈的官吏，是严惩不贷的。如明州（今浙江宁波）知州苗振贪污受贿，被人告发，王安石下令将其逮捕下狱；知制诰（替皇帝起草文件的官员）祖无择因受人馈银，被王安石撵出中央机关，贬为地方官，而后又因贪污将其逮捕下狱。

打击富豪、严惩贪官的海刚峰* /常校珍

海瑞生于明武宗正德九年（公元1514年），卒于明神宗万历十四年（公元1587年）。海瑞生活在明王朝由盛转衰的时代，在这个时代里，人欲横流，见利忘义，社会腐败，世事纷乱，各种社会矛盾错综交织。

海瑞从任知县、户部主事、大理寺左、右丞、南京通政使司右通政使、应天巡抚、南京都察院右佥都御史、南京吏部右侍郎署吏部尚书和南京都察院右部御史等不同职位和类别的官职，多视角地察明了他所在的这个时代的吏治，已经腐败到了极点：士大夫居官，"不求做好人，只求好官"，为了升官发财，"吮痈舐痔之事"也干得出。这些人如此丑态百出的目的在于得到高官，有高官自有厚禄，还可以借权谋私，巧取豪夺。目击斯弊，海瑞为之愤慨地说他们"自常俸外，皆是朘削膏血"；行如强盗，欲若饕餮，极尽剥削巧诈之能事，从而使"民之贫羸孤弱者，往往捐妻子，殒命垂械，以应其求"。由此而造成的社会恶果是"十室九空，蒿莱满目，闾里萧条，人民哀叹"！

明朝反动统治的黑暗和极端腐败，是当时的农民和市民破产和贫困的重要根源。海瑞由于历史和阶级的局限，不可能从这种

---

* 节选自《西北民族学院学报》1992年第1期，题目为新拟。

海瑞像

社会制度上寻找病因，更不可能触动这种社会的政治体制。但他始终认为，“善政”或弊政都是人为的。既然造成当今社会危机和动荡不安的原因是地主的剥削、官吏的贪污，那么打击地主，惩办贪官，挫抑豪强，则是根治弊政、修复“善政”的关键所在。

不过，当时的政治和经济的矛盾又很复杂，从全局看，正德以后，朝政日非，弊端重重，明王朝是日趋衰落的，尤其是农村，由于“大户兼并”，致使农民“轻则逃流，甚则被苦而死”；“人烟寥寂，村里萧条”。但在城镇，却又有例外，商品货币经济和手工业生产，较之以往有了明显的发展，这种商品经济的发展，还导致了某些手工行业产生了资本主义生产关系的萌芽。它刺激了人们为助长这种萌芽及其关系，或弃农经商，或弃官经商，因此而使商业城市和聚散百货的水陆码头遍布全国。在诸多见闻中，除了工商业的“繁荣”景象，海瑞看到的是，在这“财帛世界”中，“民间的困苦日甚一日”。究其原因，“第一是贪吏贪污，其次是过客骚扰”，而且“过客之费，不减贪吏”。这里所说的“过客”，是指“钦差大臣”而言。这些人为了钱，公然在京都之中，朝堂之上，枉法贪赃不足，又肆无忌惮地在州、县和民间敲诈勒索。海瑞对这些贪官污吏恨之入骨。于是，他采取了种种办法加以制止以至严惩。

第一，强令富豪，还田于民。嘉靖时期，朝廷内外，贪污成风，大小官员，都以设法贪财为能事。

更使人痛心的是，这帮人退而“居乡又复多罪，或强买田宅，或凌逼债息，或嘱托官府，或把持市行，或阻抗钱粮，或滥希优免，或多役人夫，或贪古便宜”。他们称霸一方，为所欲为，不择手段地夺取农民的土地；其中有的“不唯一邑之中，田连阡陌，而且跨及别府”。曾任内阁首辅后来罢官乡居的徐阶就是这样，他在苏、松一带占田24万亩，收租13000石。

农民控告徐阶夺田霸户，海瑞令其退田于民；而且声明，如不“退之过半”，民愤难平。徐阶的要退，其他地主豪绅的也要退，因此，“贫民田入于富室者，率多退之”。海瑞的这种勒令富豪退田的果敢行动，一方面使地主阶级为之震惊而哀叹，一方面又激起了农民的自主意识和热情，从而掀起了向夺产者讨还土地的政治运动，农民的志气由此而为之大张，富豪的淫威亦由此而为之大削。

第二，施行法制，锄强抑暴。海瑞爱民如子，嫉恶如仇，如遇权贵包括他的顶头上司和更高一级的实权派人物有违章犯法行为，他执法如山，概不容情。如他在兴国县任县令时，前尚书张鳌的侄子，狐假虎威，仗势欺人，敲诈勒索不足，公然进行抢劫，海瑞秉公执法，将他治罪下狱。张鳌闻讯，串通说情，赣州府即将罪犯释放。海瑞知情，冒着生命危险在上书揭露张鳌请托舞弊行为的同时，痛斥州府官吏是“视民怨而不为言，知奸发而莫一告，慢上残下，何以为民父母哉”！

海瑞不畏强暴，敢于抗争的可贵精神，表现在正在台上而且是红得发紫的大官身上，例如当朝宰相严嵩的党羽，现任浙江总督胡宗宪的儿子，路出淳安，当驿吏招待不隆时，他居然打人行凶，还将驿吏“倒悬之”。海瑞闻之，愤恨不平：一个堂堂总督的儿子，竟如此横蛮无理；但如何对付这种“刁恶之徒”，还需要慎思熟虑，海瑞揣摩的结果，装作不知不识，并嘱咐其属吏说：胡公曾经指示我们，对过往官员的招待要从俭，确是一个体恤黎民的父母官；现在这位少爷公子，衣着华贵，盛气凌人而且举止野蛮，这一定是坏人冒充的，肯定不是胡公子。于是派人从这个公子哥身上搜出了几千两金子，没收入库。胡宗宪发现自己的儿子胡作非为的把柄已经落在海瑞手里，有口难辩，只好不了了之。

海瑞铁面无情，无私无畏，对待地方官如此，对待京官同样。鄢懋卿是京都总管各级官吏掌大权的，又是严嵩的干儿子，他每次出巡，都是穷奢极欲，敲官诈民，在扬州一次就搜刮黄金二三百万两，而他却恬不知耻地在自我标榜的同时，装作"清正廉明"的样子教训别人要崇尚节俭，关心民众。对于这种把戏，海瑞看得够多了，根本不相信这种骗人的鬼话，于是来了个"将计就计"：向鄢懋卿上了一张禀帖：本县是一个区区小县，连车马都容纳不了，对于过客的招待确实力不从心，"供具甚薄"，望能恕罪！鄢懋卿看了禀帖，知海瑞是铁面的知县，碰他不得，只好不进严州府，绕道而过。海瑞此举，为淳安官民避免了一场灾难。

第三，直面相碰，痛击政敌。海瑞清廉刚正，打击贪官污吏，使他们失去了政治威信，减少了经济"收入"，这些人羞辱成怒，联合起来向海瑞进行报复，给事中戴凤翔抢先诬告海瑞"庇奸民，渔肉缙绅"；纵民为"虎"，乡宦为"肉"。他所说的"奸民"和乡绅，前者是指广大的贫民，后者正是侵夺民产的地主恶霸。他们诬陷反攻海瑞，并未仅止于此，还捏造了所谓海瑞"连接倭寇，攻陷城池，歃血为盟，劫库斩官，行旅不通，烟火断绝"等等。振振有词，耸人听闻，经过调查核实，全属诬蔑不实之语。但"人情喜谀不喜直"，海瑞的刚性、直言，毕竟是伪君子们的一种心病，不拔掉这颗眼中钉是不肯甘休的。为此，他们与海瑞事事为难，明处无理，就在暗处捣鬼，处处作梗。因此，海瑞终于被免去应天巡抚而专督粮储。当此之时，礼部尚书兼文渊阁大学士的高拱又施诡计，把粮储工作裁并到户部，取消了储粮这一官职，于是，把海瑞"挂起来"了！海瑞气恨不过，以请退表示抗议！他在自身官位不保时还忠告皇帝说："胡铨之告孝宗曰：'诗云：勿听妇人言'。今举朝之士皆妇人也，皇上勿听之可也"，这种对皇帝的提醒又实际上是对于满朝文武中的阿谀谄媚之辈的痛责和鞭笞。

海瑞历经日益腐败的武、世、穆、神(宗)四朝，他为了"醒世振颓"，"摧豪强，扶穷弱"，反贪污，求廉洁，他为此而上骂皇帝"君道不正"，下骂贪官"饿豺狼"！这在那种政令乖悖，专制独裁的黑暗时代，似乎是不可想象的。海瑞也因此而招来了囹圄之祸，幸好腐朽无能的武宗皇帝早死，海瑞又从狱中获救！从官方与民间的这些"口碑道载"的事实中可以证明，海瑞确实是一位清廉为政和名副其实的"海青天"、"海刚峰"（海瑞号"刚峰"）、"海强项"；"真是铮铮一汉子""古今一男子也"！

正是这个原因，"刁恶之人"，"诡诈之徒"怕他、恨他、嫉妒他，因此而进行诬告陷害，致使海瑞累累被降职、罢官以致下狱，爬起、跌倒，跌倒、爬起，不仅盛年被耽误，而且一生坎坷。他死后"检点其宦囊、竹笼中俸金八两，葛布一端，旧衣服数件而已"。大家只好凑钱治丧。发丧之日，"小民罢市，丧出江上，白衣冠送者夹岸，酹而哭者，百里不绝"。人民对海瑞，是无限崇敬和怀念的。

廉吏于成龙* /王俊义

公元1684年，位居两江总督要职的于成龙病逝了。据史籍记载：于成龙病逝后，当时江宁（今南京市）的"士民男女无少长，皆哭罢市"，甚至在其出殡的当天，竟出现"江宁守及门下诸生合士民数万人，步行二十里外伏地哭，江涛声殆不闻"的动人情景。于成龙何以会受到士民如此厚爱？他的死为什么使人们如此悲哀动情？

于成龙原来是清代顺治、康熙年间有"包（拯）孝肃、海（瑞）忠介"之称的著名清官。1684年，康熙在南巡过程中，曾"延访吏治，博采舆评"，对各级官吏进行稽核考察，最后依据调查材料得出结论说："原任江南江西总督于成龙，操守端严，始终如一"，"居官清正，实天下廉吏第一。难怪于成龙死后会受到群众那样的敬仰和爱戴。

于成龙（1617—1684），山西水宁州（今山西离石）人，原是明朝的儒生，崇祯年间曾考取过副榜贡生。清取代明而兴起后，于成龙在顺治十八年被授予广西罗城县知县，开始了其清正廉明的仕途生涯。此后，他因政绩昭著，屡被擢升，历任四川合州知州，湖北武昌知府、福建按察使、布政使，及直隶巡抚和两江总督之职。他于各地任职期间，皆以"驱除贪吏、拯救民生为务"，秉公执法，清正廉

* 选自《炎黄春秋》1994年第1期。

洁，平反冤狱，兴利除弊，政绩斐然。尤其是在封建官场中，贪赃枉法，贿赂公行，朋比结纳，请托馈送等腐败现象较为风行的情况下，于成龙却严禁馈送行贿，坚拒请托说情，而且几十年如一日，身体力行，始终如一。

清朝的各级封建官吏，当然也不乏像于成龙这样的操守端严，清正廉明的清官，但大多数却是以升官发财为己任。他们为达到一己之私利，常常是朋比为奸，相互勾结，虐取瓜分。为了求得庇护与升迁，又每每借名冬夏时令，端阳中秋，以及上司的寿诞生辰等，都要巧立名目，钻营馈送，而且是逐级层层上送。州、县官馈送督抚提镇司道，督抚司道又苛索属员，馈送在京的部院大臣，在京的部院大臣又交相馈送。上下之间辗转因袭，遂使馈送之风，成为陈规陋习。一些督抚大臣竟然明文规定，某州县属上等，某州县属下等，派定数目，按数收受。馈礼数目之巨厚，也十分惊人。如康熙时的大学士徐乾学，因发放其学生李国良为江苏按察使，李国良为感谢"恩师提携"，一次竟馈银一万两，另送"节礼四百两，生日礼一千两"。以至于"大吏朘削卑官，卑官虐害军民"，而最终受害的仍是下层广大黎民百姓，使得受害群众被盘剥得"脂膏竭尽"。当时，就有人指出："今百姓大害，莫甚于贪官蠹吏"。

一向廉洁奉公，不徇私情的于成龙，对于官吏之间结纳馈送的陋规恶习，深恶痛绝，坚决反对，并采取各种措施，竭力杜绝。他每到一任后，即在官衙前张贴告谕。明令禁止馈送请托。康熙十九年，他由福建布政使升任直隶巡抚。一到任即诫告州县，且勿在征收百姓钱粮时私加火耗（按：指在正赋之外，私加之征派），馈送上官。但大名知县，却不听劝诫，仍因循陋规，向他"呈送中秋节礼"。于成龙不仅严词拒收，而且为此特发了《严禁馈送檄》，通报了大名县知县的所作所为。同时，于成龙还以此为例，转申所属官吏，"嗣后，凡遇重阳，冬至，元宵等节，并过路送礼各衙门，概行禁止，如有私相馈献，查出并行题参，决不宽姑”。可见，于成龙在禁止馈送方面，决不只是放言高论，而是真抓实干，说到做到，从不搞“下不为例”。康熙二十年，于成龙又升任两江总督，他到任后，在调查研究的基础上，制定了《兴利除弊条约》，再次义正词严地斥责了馈送风。《条约》中说：“本部院访得两江官员，自上而下无不递相馈送，视地方大小区别等差，盈千累百，目为旧规。”他还指出，在此种恶劣风气下，上司对所属官员，不论“官评之贤否，吏治之勤拙”，但凭馈送之多寡，决定升迁贬黜。而馈送之钱财由何而来呢？于成龙一针见血地指出：“此等馈送，不出于钱粮之加征火耗，则出于词讼之贪取赃私”，实际上完全是“以小民之膏血，供多官之结纳”。有鉴于此，于成龙严正宣布：自己一定“清介自持，誓不受属员一毫馈送”。

于成龙对自己发布的各种告谕檄文，都躬行实践，对于各种形式的馈送，概严拒收受。顺治十八年，当他首任广西罗城知县时，由于罗城地处边陲、经济文化甚为落后，生活条件极其艰苦，他刚上任时，甚至“寄居关夫子庙，安床周仓背后”。后来，县衙也只设在“茅屋三间，四周皆无墙壁”的环境中。在如此艰难困苦的条件下，他自得其乐，不惧边荒，与当地群众共患难，勤于政事，注意恢复地方秩序，劝导百姓发展生产，“宽徭役，疏鹾引，建学宫，创设养济院，”逐渐使罗城地区，谷穗遍野，牛羊满山，经济复苏，也使当地群众的生活日趋好转。同时，他也与当地群众建立了密切关系。当地群众看到于成龙的生活仍然十分清苦，便向他馈送些油盐柴米，而于成龙则笑谢曰：“我一人在此，何须如许物，可持归，奉汝父母”。

在物质生活困难的条件下，于成龙能做到刻苦自励，自奉甚俭；在物质生活优裕的环境中，于成龙仍然保持清廉的本色。康熙十八年，于成龙由武昌知府升任福建按察使，旋改任布政使。相继管理全省的司法、财政与民政。在某些人看来，这都是捞取钱财的肥缺。然而于成龙却依然一尘不杂。他在藩司大堂上，张贴了对联："累万盈千，尽是朝廷正赋，倘有侵欺，谁替你披枷戴索；一丝半粒，无非百姓脂膏，不加珍惜，怎晓得男盗女娼。"福建因地处沿海，自唐宋以来，便与国外通商贸易，于成龙所在的布政使衙门自然经常与外国使团与商船接触，而且每逢"外番贡舶，或有所献"，于成龙照样"屏斥不受"。致使那些外国人都竖起大拇指对译使交口称赞说："天朝洪福，我侪实未见有此清官也。"

馈送和请托是互相联系的，一些官员之所以钻营馈送，目的在于钻空子，拉关系，请托营私，升官发财，于成龙对此亦十分清醒。他对于来自上下左右的请托，都一概拒绝，"虽王公大人也不为少贬"。有时，其"宾客故人"来访，他都热情接待。但是"一语涉私"，他即"正色斥诸"。当时，有些州县乡绅，想托于成龙办事，但私函不便直达，便私自假借官封文书，贿通门衙，请为投递。于成龙一旦察觉后，便晓谕吏属："此后，凡有官封文书，只许封日投递，如有请托私事，可当即开封原书退回。"于成龙这此举措可谓是铁面无私。

身为封疆大吏的于成龙，之所以能以身作则，严拒馈送请托，做到廉洁清正，一则是由于他在生活上从无过高奢侈，一向"自奉简陋，日惟以粗粝疏食自给"。因此，江南人给他起了外号为"于青菜"，以示景仰。最为可贵的是，他在任何环境中，都始终如一地保持清正廉洁的本色。由于他恶衣疏食，从不改前操，跟随他的仆从常为此而发牢骚，于成龙却开导他们说："前在粤蜀，民物凋残，持廉甚易，今日正须试此。"也就是说，越是在优裕的物质环境中，越是要经得起考验。于成龙之所以能几十年如一日、较为自觉地坚持清正廉洁，还在于他看到清朝建国伊始，统一大业未定，后又发生三藩叛乱，加之连年水旱灾荒，国家正如于"民穷财尽之日"，因此，他认为"此时此刻，稍有良心，莫不推膺长叹，尤苦国赋难完，民力难支，又安忍心于正赋之外，敲鸠形鹄面之骨，吸卖儿鬻女之髓"。

正是由于于成龙一生廉洁奉公，操守端严，政绩斐然，才能受到康熙皇帝的褒奖，康熙二十年就曾奖评他是"清官第一"，康熙二十三年，又再次称赞他是"天下廉吏第一"；另外，他也赢得群众的爱戴。早年，当他由广西罗城升任四川合州知州时，罗城百姓便"遮道呼号：'公今去，我侪无天矣'！追送数百里，哭而还"。康熙二十三年，当其病逝出殡时，又出现本文开头时所述的动人情景。这说明，任何时代，凡是对国家、对人民做出有益事情的人，国家和人民是不会忘记他们的。

中国共产党90年反腐败的基本经验*

/邵景均

中国共产党90年的历史，是一部革命、建设和改革开放的历史，也是一部始终坚持反腐倡廉的历史。认真回顾和总结90年来中国共产党反腐败的基本实践和基本经验，不论是对深入开展党风廉政建设和反腐败斗争，还是实现党的长期执政、国家的长治久安，都具有非常重要的意义。

一、高度重视反腐败斗争，从未丧失对腐败危险的警惕

中国共产党是马克思主义武装起来的中国工人阶级先锋队，在本质上与腐败水火不相容。党通过总结历史经验和现实环境的分析清醒地认识到，党的任何腐败行为都可能导致生存危机。因此，党始终对自身的腐败现象保持高度警惕，把保持廉洁放在党的建设和政权建设的突出地位。

党在1921年起领导的安源工人运动中，针对革命队伍出现的经济方面的实际问题，积极组织开展反腐倡廉工作，取得了显著成效。这是我党有史可查的最早的反腐倡廉实践。大革命战争时期，党员队伍迅速扩大，一些品质不好的人混入党内，发生"吞款、揩油的情弊"。针对这个情况，在党的总书记陈独秀主持下，中共中央扩大会议于1926年8月4日向全党

* 节选自《广州大学学报》2011年第7期。

发出了关于《坚决清洗贪污腐化分子》的通告，严肃指出："在这个革命潮流仍在高涨的时候，许多投机腐败的坏分子，均会跑进革命的队伍中来，一个革命的党若是容留这些分子在内，必定会使他的党陷于腐化，不但不能执行革命的工作，且将为群众所厌弃。所以应该很坚决地清洗这些不良分子，和这些不良倾向奋斗，才能坚固我们的营垒，才能树立党在群众中的威望。"这是中国共产党发布的第一个反腐败文件，明确地表达了党与腐败的根本对立，敲响了第一声反腐败的洪亮钟声。

土地革命战争时期，党有了自己领导的根据地和政权，更加重视对腐败的斗争。1932年7月，中华苏维埃政府中央执行委员会发出第14号训令，指出，"对苏维埃中的贪污腐化分子，各级政府一经查出，必须给以严厉的纪律上的制裁，谁要隐瞒、庇护和放松对这种分子的检查与揭发，谁也要同样受到革命的斥责。"曾当过江西瑞金叶坪村苏维埃政府主席的谢步升，利用职权贪污打土豪所得财物。在时任中共瑞金县委书记邓小平的支持下，案件调查员向毛泽东主席汇报了情况。毛泽东当场表态："与贪污腐化作斗争，是我们共产党人的天职，谁也阻挡不了！"就这样，谢步升成为中国共产党成立后被党枪决的第一个腐败分子，时间是1932年5月9日。

在之后的抗日战争和解放战争时期，党在同帝国主义和腐败的国民党反动政权斗争的同时，始终毫不留情地同自身的腐败现象进行顽强的斗争，使党和党领导的军队、根据地政府形成了前所未有的清廉风气，与国民党政府官吏那种贪赃枉法、卖官鬻爵、搜刮民脂民膏的腐败行为形成了强烈对比。1949年，时任美国驻华大使的司徒雷登说，共产党战胜国民党，建立新中国政权，靠的不是飞机大炮，而是廉洁以及廉洁换得的民心。中国共产党夺取全国政权以后，面临着反腐败斗争新的考验。在进城前的七届二中全会上，毛泽东告诫全党，资产阶级

"糖衣炮弹的攻击"将成为党执政后的主要危险，有些共产党人"在糖弹面前要打败仗"。为了有效应对这个主要危险，党中央决定加强对全党同志特别是领导干部的教育，"务必使同志们继续地保持谦虚、谨慎、不骄、不躁的作风，务必使同志们继续地保持艰苦奋斗的作风"，"不当李自成"。

新中国成立不久，党中央就针对腐败现象迅速蔓延的实际情况，及时开展以反腐败为主要内容的"三反"运动，以后又进行了多次大规模的群众运动反腐败。毛泽东指出，腐败现象是社会主义社会的一个基本乱源，轻则引起群众的反对和不满，重则会引起"第二次革命"，造成党和国家改变颜色的局面。实践证明，毛泽东主政时期，在扫除旧社会的污泥浊水、保持党和国家机关清正廉洁方面，取得了举世公认的成就。

党的十一届三中全会以后，我国开始进入改革开放和社会主义现代化建设新的历史阶段，反腐败斗争展现出了与以往不同的新形势、新特点。邓小平及时告诫全党，腐败"这股风来得很猛。如果我们党不严重注意，不坚决刹住这股风，那么，我们的党和国家确实要发生会不会'改变面貌'的问题。这不是危言耸听。"他提出，反腐败必须旗帜鲜明、坚定不移，要"一手抓改革开放，一手抓惩治腐败"。党中央改变了以往靠群众运动的做法，坚持依靠教育和制度反腐败，反对和纠正领导干部特殊化，打击经济领域的各种犯罪行为，遏制了腐败现象蔓延的势头。20世纪80年代末90年代初，中国经济逐步由计划经济体制向社会主义市场经济体制转轨，腐败现象空前易发多发。江泽民指出："腐败现象是侵入我们党和国家机关健康肌体的病毒。如果我们掉以轻心，任其泛滥，就会葬送我们的党，葬送我们的人民政权，葬送我们的社会主义现代化大业。"党中央提出"反腐败三项工作格局"——坚持不懈地抓好领导干部廉洁自律、查办违纪违法案件、纠正损害群众利益的不正之风，加大了从源头上治理腐败的力度。进入21世纪，以胡锦涛同志为总书记的党中央对党风廉政建设和反腐败斗争高度重视。党的十七大把反腐倡廉建设与党的思想建设、组织建设、作风建设和制度建设一起，确定为党的建设的基本任务，党风廉政建设和反腐败工作在继承中发展，在改革中创新，特别是在查办大案要案、深挖腐败分子、进一步加强制度建设、强化对领导干部的监督、有效治理商业贿赂、纠正损害群众利益的不正之风等多方面取得重要进展。

90年来的实践充分证明，不论中国共产党面临什么样的环境、承担什么样的任务，不论党的自身结构发生了什么样的变化，思想理论有了什么样的发展，都始终不渝地高度重视反腐败斗争，须臾没有放松对腐败危险的警惕，并取得了反腐败斗争的一系列成果和经验，有效保证了党的事业一步步发展壮大。

二、不断加强和改善对反腐败斗争的领导，从未放弃或松懈自己的职责

中国共产党从登上历史舞台之日起，就自觉承担起领导反腐败的职责。在前28年的民主革命时期，党在争取民族解放和夺取政权的斗争中，主要是领导人民反对执政的国民党反动派的腐败。为了实现这一主要任务，也毫不留情地同自身的腐败现象进行了顽强的斗争。夺取全国政权以后，领导反腐败工作的重点转到了党和政府内部。中国共产党对反腐倡廉建设的领导历来是全面的，主要体现在政治领导、思想领导、组织领导等各个方面。

在政治领导方面，中国共产党始终坚持自己的政治纲领和政治原则，因时制定和有效实施反腐倡廉的重大决策，正确处理反腐倡廉建设与党的中心工作、全局工作的关系。新中国成立以后，党制定决策发动多次政治运动，打击各种腐败现象。十一届三中全会以后，党坚持把发展作为执政兴

国的第一要务，坚持党风廉政建设和反腐败的任务提出、政策制定、工作部署，始终都坚持与经济建设统筹谋划，将防治腐败寓于改革开放和经济建设的重要决策和措施之中；反腐倡廉工作重点的确定、各项措施的实施，都尽可能与改革发展的实践相适应、与重要步骤相一致、与重大举措相配套。

在思想领导方面，坚持用发展着的马克思主义来指导反腐倡廉新的实践。新中国成立前后，党坚持用毛泽东思想指导反腐败斗争，教育广大干部廉洁从政。改革开放以来，党坚持运用中国特色社会主义理论，科学判断形势，进一步加强对全局性、战略性问题的研究，注重用发展的思路和改革的办法，从源头上解决腐败问题。同时进一步解放思想，开拓创新，坚持一切从实际出发，努力做到在思想观念和思想方法、工作思路和工作方法、人员素质和工作作风等方面与时俱进。

在组织领导方面，党始终坚持党委对反腐败斗争的统一领导。进入改革开放新时期后，党在领导反腐倡廉建设的不断实践中，逐步形成了党委统一领导、党政齐抓共管、纪委组织协调、部门各负其责，以及依靠群众支持和参与的行之有效的反腐败领导体制和工作机制。各级党委坚持"两手抓，两手都要硬"的方针，始终坚持把反腐倡廉作为关系党和国家生死存亡的大事来抓，把党风廉政建设和反腐败工作统一纳入党委工作的整体格局，通盘考虑，周密部署。通过这一套良好的领导体制和工作机制，进一步保证了党对反腐倡廉建设的统一领导，进一步巩固和发展了全党齐动手反对和防止腐败的大好局面。

三、始终坚持依靠人民形成反腐败斗争的强大力量，不脱离群众

实践预示，反腐败是长期的你死我活的政治搏斗，首先必须解决好"依靠谁"的问题。中国共产党人历来就是彻底的唯物论

者，始终相信人民群众是世界历史的创造者，是战胜腐败的强大力量。早在80年前成立中华苏维埃共和国临时中央政府的时候，党就确立了工农兵代表大会制度，规定工农兵是国家权力的主人。人民群众不仅有权选派代表掌管政权，而且有权批评、监督、检查和罢免政府官员。在工作实践中，苏维埃政府工农检查机构设立了控告局，发动群众举报不廉洁的干部；组织临时检察委员会，检举、监察政府工作人员，清除腐化分子；建立突击队，组织轻骑队，设置巡视员、通讯员，加大检查工作力度。新中国成立后，党依靠群众，多次开展各种形式的群众运动，有效地遏制了腐败现象的滋生和蔓延。改革开放以来，党鉴于"文化大革命"的历史教训，决定不再搞群众运动，而是把发展民主，加强对行使公共权力的监督，作为依靠群众有序参与反腐倡廉建设的基本途径，监督有六种主要形式：人大监督、政府专门机关监督、司法监督、政协民主监督、一般群众监督、新闻舆论监督。实践证明，只有坚持以人为本，紧紧依靠人民，才能使反腐败工作更好地维护人民群众的根本利益，也才能更充分地调动最广大人民参与反腐败斗争的积极性，形成强大的反腐败斗争力量。

四、坚持标本兼治反腐败，着重提高觉悟、加强法制建设，不舍本逐末

标本兼治是中国人的政治智慧，也是中国共产党人反腐败的基本方法。对于反腐败来说，所谓治本，最重要的是两条：一是人心向廉，二是制度保廉。以毛泽东为代表的中国共产党人十分重视思想教育，强调思想建党，努力从人的内心深处解决好反腐败问题。1929年毛泽东主持的古田会议提出，在党内和红军内部，重点是克服各种非无产阶级思想的影响，主要是个人主义、主观主义、流寇主义、绝对平均主义、享乐主义、极端民主化和军阀思想等。为纠正党内、军内的消极、腐败现象，必

须加强正面教育，从思想上肃清各种错误观点，并开展党内正确的批评和自我批评，使党内生活政治化、科学化。抗日战争时期，党加强对各级干部的“长工”教育即公仆教育。主要是教育干部摆正自己与人民群众的公仆与主人的关系，安于公仆的地位和身份，忠实地履行公仆职责。通过教育，广大干部过着清贫的生活，有的还不如普通的工人农民。勤俭节约、廉洁奉公，成为他们本能的行为。正因为如此，边区人民和来自国统区的考察者，都说在边区“只见公仆不见官”。新中国成立后，党更加注重对于干部的廉洁教育，增强抵制腐败的自觉性。推行廉洁政治必须依靠法制。1933年12月15日，中华苏维埃共和国主席毛泽东颁发《中华苏维埃共和国中央执行委员会训令，第26号——关于惩治贪污浪费行为》，是这一时期最有代表性的廉政法制文献。为了堵塞漏洞，防止贪污浪费，1931年12月，财政人民委员会颁布了《暂行财政条例》，确立了财政统一的原则。进入抗日战争以后，陕甘宁边区参议会于1938年8月15日颁布了《陕甘宁边区惩治贪污条例》（草案），为惩治新贪官污吏和新劣绅提供了法律依据。新中国成立以后，特别是改革开放以来，惩治和预防腐败的法律制度体系日臻完善。实践证明，只有积极推进惩治和预防腐败制度体系建设，才能突出重点，抓住关键，增强反腐倡廉建设的整体性、协调性、系统性、实效性。

五、坚持从实际出发制定反腐败方针政策和体制机制，不僵化和教条

反腐败是复杂的政治斗争，既需要选择正确的路径，在具体实践中还需要实行正确的战略策略。90年来，党坚持从实际出发，灵活地制定反腐败具体方针政策和确立体制机制，不断取得反腐败斗争新成效。在新中国成立后第一次大规模的反腐败斗争的“三反”运动中，毛泽东根据实际情况提出的方针政策是：“应把反贪

污、反浪费、反官僚主义的斗争看做如同镇压反革命的斗争一样的重要，一样的发动广大群众包括民主党派及社会各界人士去进行，一样的大张旗鼓去进行，一样的首长负责，亲自动手号召坦白和检举，轻者批评教育，重者撤职，惩办，判处徒刑(劳动改造)，直至枪毙一大批最严重的贪污犯。”这一方针政策确保“三反”运动达到了预期效果。进入改革开放新时期后，党坚持根据不断变化的实际情况确定反腐倡廉工作格局。在20世纪80年代后半期，党中央明确提出纪委要履行“保护、监督、惩处、教育”四项职能。到90年代初，又确立了领导干部廉洁自律、查办违纪违法案件、纠正部门和行业不正之风的反腐败工作三项格局，这对于有效遏制腐败现象滋生蔓延的势头起到了重要作用。党的十五大以后，在坚持三项工作格局的基础上，进一步强调从改革体制、机制、制度着手，加大从源头上治理腐败的工作力度。进入21世纪，惩治和预防腐败体系实施纲要又明确提出，教育、制度、监督、改革、惩处、纠风各项工作必须整体推进，从而使反腐倡廉工作格局得到进一步丰富和完善。与此同时，还坚持在战略上整体规划、战术上分阶段实施；坚持以人为本，做到宽严相济，注重综合效果等。实践证明，只有适应世情、国情、党情的发展变化，坚持解放思想、实事求是、与时俱进和改革创新，才能使党风廉政建设和反腐败工作不断体现时代性、把握规律性、富于创造性。

六、坚持边实践边总结，注重以发展的科学理论指导实践，不轻视理论

90年来，党所以能够根据实际需要及时制定出正确的方针政策，不断取得领导反腐倡廉工作成效，首先得益于理论指导的正确和反腐倡廉建设理论的不断发展。毛泽东为党的反腐倡廉建设奠定了重要的理论基础和策略基础。在为什么反腐败方面，毛泽东认为，政治思想上的蜕化变质，经

济上的贪污受贿，生活上的挥霍享受，均属于腐败的范畴；腐败是反党反社会主义行为，腐败分子是钻到我们队伍里面的坏分子、蜕化变质分子，这些人骑在人民的头上拉屎拉尿，穷凶极恶，严重地违法乱纪；坚持反腐败，才能保证党不变修、国不变色。在依靠谁反腐败方面，毛泽东认为，必须坚定不移地依靠中国共产党的领导，依靠最广大的人民群众。在怎样反腐败方面，毛泽东的主要方法是教育、惩治、监督三者密切结合，同时注意反腐败斗争与中心工作的有机配合。

党的十一届三中全会以后，邓小平科学地揭示了在形势不断变化的新的历史条件下为什么要反腐倡廉和怎样反腐倡廉这两个根本性的问题，形成了科学的邓小平反腐倡廉理论。其要点有十个方面。(1)执政党的党风和廉政问题，关系到党和国家的生死存亡。(2)在整个改革开放过程中都必须坚持反腐败，两手抓，并且两手都要硬。(3)反腐败不采取群众运动方式，但必须紧紧依靠群众。(4)必须坚持不懈地纠正各种不正之风，必须坚决制止和取缔严重危害社会风气的腐败现象。(5)党风廉政建设和反腐败要以各级领导干部为重点，各级领导干部尤其是高级领导干部要做全党的表率。(6)反腐败要靠教育，更要靠法制。(7)必须坚持从严治党，严肃纪律，在法律和纪律面前人人平等。(8)必须坚持和发扬党的优良作风，只有保持艰苦奋斗的传统才能抗得住腐败。(9)党要接受监督，要加强党内监督，要有专门的机构进行铁面无私的监督检查。(10)只有社会主义才能消除腐败，我们党和国家有能力逐步克服并最终消除腐败。

党的十三届四中全会以后，以江泽民为核心的第三代中央领导集体，对党风廉政建设和反腐败斗争提出了一系列新论断、新举措。其理论要点主要有八个方面。(1)坚持共产党的领导，紧紧围绕发展这个党执政兴国的第一要务。(2)坚持党要管党、从严治党的方针，首先必须治理好领导班子和领导干部。(3)坚持领导干部廉洁自律、查处大案要案、纠正不正之风为主要内容的反腐败工作格局，努力构筑思想道德和党纪国法两道防线。(4)坚持标本兼治、综合治理，逐步加大治本力度；教育是基础，法制是保证，监督是关键，通过进一步深化改革，不断铲除腐败现象滋生蔓延的土壤。(5)坚持在对人的处理上持慎重态度，做到实事求是，区别对待。(6)坚持党的群众路线，发展社会主义民主，从决策和执行上进一步加强对权力的制约和监督。(7)坚持加强廉政立法工作、遵纪守法教育和执法检查工作，把党风廉政建设和反腐败斗争纳入法制化轨道。(8)坚持全党一起抓，严格实行责任制，进一步形成党风廉政建设和反腐败斗争的合力。

党的十六大以来，针对反腐倡廉工作面临的新形势、新任务，以胡锦涛为总书记的党中央进一步加大防治腐败工作的力度。一是确立了标本兼治、综合治理、惩防并举、注重预防的反腐倡廉方针，进一步明确了惩治腐败与预防腐败的关系；二是提出了建立健全惩治和预防腐败体系的目标，使反腐倡廉工作更加系统化；三是提出要从源头上拓展防治腐败工作领域，防治腐败的实现途径更加多样化。

中国共产党90年来防治腐败的基本经验，是一笔宝贵财富。在当前和今后反腐倡廉的实践中，需要更加自觉地坚持这些基本经验。只有正确总结经验、运用经验，才能在新的实践中形成新的理论、新的决策，不断提高领导水平和执政能力。

（作者为中纪委研究室研究员）

中国共产党反腐败思想的发展历程*

/王黛丽

中国共产党诞生90年来，历经革命、建设和改革重要时期，由一个夺取政权的党到一个长期执政的党，党的历史方位、内外环境、使命任务等不断发生变化，如何始终保持共产党的先进性，加强和改进党的作风建设，深入开展反腐败斗争，一代又一代的中国共产党人进行了不懈探索，反腐败斗争的实践不断深入，反腐败思想不断丰富发展。

一、党的第一代中央领导集体反腐败实践的初步探索

早在革命战争年代，我们党还处在夺取政权阶段，对腐败就始终保持着高度的关注和警觉。1944年，毛泽东号召全党学习郭沫若总结李自成农民起义失败教训的著名史论《甲申三百年祭》，告诫全党“引为鉴戒，不要重犯胜利时骄傲的错误”。1945年7月，毛泽东在同黄炎培谈到共产党如何跳出由盛而衰的“历史周期率”时，提出了依靠民主、依靠人民监督政府以防止消极腐败现象发生的重要思想。1949年3月5日，在中国革命即将取得全国胜利的前夜，毛泽东在党的七届二中全会上又告诫全党：“因为胜利，党内的骄傲情绪，以功臣自居的情绪，停顿起来不求进步的情绪，贪图享乐不愿再过艰苦生活的情绪，可能生

* 节选自《学习月刊》2011年第18期。

长。……可能有这样一些共产党人，他们是不曾被拿枪的敌人征服过的，他们在这些敌人面前不愧英雄的称号；但是经不起人们用糖衣裹着的炮弹的攻击，他们在糖弹面前要打败仗。我们必须预防这种情况。”

新中国成立之时，中国共产党已经发展为拥有近450万党员的大党，随着从一个由夺取政权的党转变为执政党，党内少数党员开始腐化堕落。党中央于1951年12月1日发出《关于实行精兵简政、增产节约、反对贪污、反对浪费和反对官僚主义的决定》。1952年1月4日，党中央下达限期发动“三反”运动的指示。1952年1月26日，中央又发出《关于首先在大中城市开展“五反”斗争的指示》。“三反”、“五反”运动采取群众运动的方式，有力地抵制了旧社会遗留的恶习和资产阶级的腐蚀，是党在全国执政以后反对贪污腐败的初战，这场运动于1952年10月结束。

从这一时期的反腐败斗争，可以看出，我们党认为贪污、腐败、浪费现象是旧社会遗留下来的余毒，对于腐败问题产生的根源，毛泽东认为“就其社会根源来说，这是反动统治阶级对待人民的作风的残余在我们党内和政府的反映”。毛泽东在反腐败的实践中，选择了公开的、全面的、由下而上的政治运动的方式，依靠群众运动反腐。党的第一代领导集体在反腐败实践中的初步探索，对我

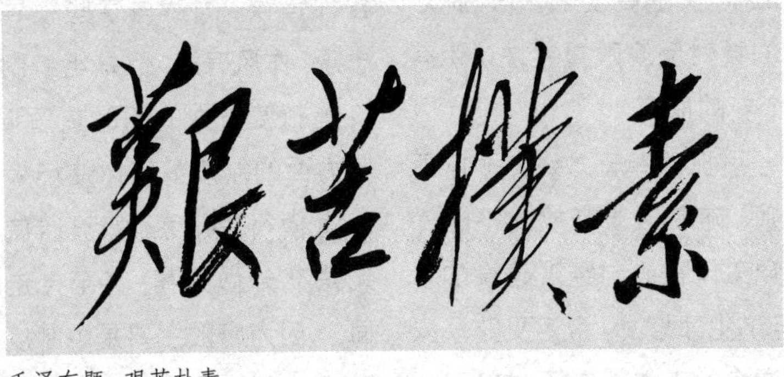

毛泽东题：艰苦朴素

们后来反腐败思想的发展，有着十分重要的启示作用。

二、党的第二代中央领导集体反腐败思想的新突破

反腐败斗争关系党和国家的生死存亡。1980年12月，邓小平同志在中共中央工作会议上指出，“执政党的党风问题是有关党的生死存亡的问题。要严格执行《关于党内政治生活的若干准则》，坚持不懈地纠正各种不正之风……”对于反腐败斗争的长期性，邓小平强调，“我们要反对腐败，搞廉洁政治。不是搞一天两天，一月两月，整个改革开放过程中都要反对腐败。”邓小平关于反腐败斗争的论述，把反腐败问题上升到党“生死存亡”的高度来认识，标志着我们党对反腐败重要性认识有了一个新的提高。

一手抓改革开放，一手抓惩治腐败。随着改革开放的不断深入和党工作重心向经济建设的转移，经济犯罪增加，贪污受贿现象日益增多。打击经济领域犯罪活动，确保改革开放沿着正确方向发展，成为这一时期反腐败斗争的重点。邓小平多次强调，“我们一手抓改革开放，一手抓惩治腐败”，反腐败是全党的重要任务，必须把它与经济建设结合起来。他指出，经济上不去，要垮台；腐败不反掉，也要垮台。党的第二代中央领导集体突出了反腐对改革开放的重要性，在始终坚持以经济建设为中心的前提下，开展反腐败工作，把经济建设与反腐败斗争有机地结合起来。

在加强制度建设上遏制腐败。在对腐败产生根源的认识上，邓小平切中要害地指出体制上的弊端，开拓了在制度上反腐败的新视野。他指出“我们过去发生的各种错误，固然与某些领导人的思想、作风有关，但是组织制度、工作制度方面的问题更重要。这些方面的制度好可以使坏人无法任意横行，制度不好可以使好人无法充分做好事，甚至会走向反面。”因为腐败主要是由制度方面引起的，解决的方式必须从制度

入手，靠法制来解决制度的弊端。在腐败的解决方式上，邓小平反复强调不搞群众运动，要依法进行。他指出："打击经济犯罪活动，我们说不搞运动，但是我们一定要说，这是一个长期的经常的斗争。"随着全党对制度建设重要性认识的不断深化，又提出了不应搞群众性政治运动，而应通过加强法制保障人民民主，走依法治腐的新路子，实现反腐败斗争的制度化、法制化。邓小平用法律制度遏制腐败的思想是党的第二代中央领导集体反腐败思想的一个重要突破。

三、党的第三代中央领导集体反腐败斗争的新发展

提出了从严治党是遏制腐败的关键。改革开放以来，虽然我们党在反腐败斗争中成绩显著，但由于各种因素的影响，腐败问题愈加严重。对此，江泽民指出："腐败现象是侵入党和国家机关的健康肌体的毒瘤。如果我们掉以轻心，任其泛滥，就会葬送我们党，葬送我们的人民政权，葬送我们的社会主义现代化大业。"为解决权力失控现象和腐败问题，江泽民提出了治国必先治党，治党必须从严的著名论断。党的十五大进一步明确了反腐败斗争的指导思想、领导体制、工作机制，极大地推动了反腐败斗争的开展。这一时期的反腐败实践表明了党和国家反腐败的坚强决心，让人民群众看到了反腐败斗争的成果，深刻地揭示了"从严治党"与反腐败斗争之间的必然联系，坚定地回答了在新的历史条件下党在反腐败斗争中面临的新问题。

指明了依靠法制是反腐败斗争的根本出路。以江泽民为核心的党的第三代中央领导集体，在邓小平提出的用法律来反腐败的基础上，完善了反腐败、廉政法制建设的理论，在我们党的历史上第一次提出了"依法治国"的方略，把反腐败斗争，廉政建设纳入了法治的轨道，指明了反腐败的根本出路是依靠法制，标本兼治。为加快依法治国基本方略的落实，江泽民非常重视立法工作的建设，他

特别强调:"要善于把党有关国家重大事务的主张,经过法定程序变成国家的意志",在立法程度上加强反腐败的力度。江泽民这些思想,是对毛泽东、邓小平反腐败思想的继承和发展,具有鲜明的时代特征,对反腐败斗争具有重要的指导意义。

四、新世纪新阶段党反腐败思想的不断深化

反腐败是党必须始终抓好的重大政治任务。胡锦涛在党的十七大报告中,从思想建设、组织建设、作风建设、制度建设、反腐倡廉建设等方面,深刻阐述以改革创新精神全面推进党的建设新的伟大工程。他指出:"中国共产党的性质和宗旨,决定了党同各种消极腐败现象是水火不相容的。坚决惩治和有效预防腐败,关系人心向背和党的生死存亡,是党必须始终抓好的重大政治任务。全党同志一定要充分认识反腐败斗争的长期性、复杂性、艰巨性,把反腐倡廉建设放在更加突出的位置,旗帜鲜明地反对腐败。"十七大以来,党把反腐败定位为"党必须始终抓好的重大政治任务",标志着我们党对反腐败重要性认识更加深刻。

以"制度建设"开拓反腐败斗争新局面。党的十七届四中全会是我们党和国家反腐败进程中的一个里程碑。这次全会不仅把反腐败放在更加突出的位置,还提出了要健全权力运行机制和监督机制,推进反腐败制度创新。全会最大的亮点和含义最深的表述就是要"推进反腐倡廉制度创新",这标志着党反腐败进程已经进入到了一种新时期。胡锦涛在第十七届中央纪委第五次全会中又指出,反腐败要突出抓好以下四个方面工作:"一是要进一步加强反腐倡廉教育制度建设,二是要进一步加强监督制度建设,三是要进一步加强预防制度建设,四是要进一步加强惩治制度建设。胡锦涛关于反腐倡廉的重要论述,是中国共产党反腐败思想理论的丰富和发展。

(作者单位:空军预警学院)

照耀中国的红星* /斯诺

毛泽东

纵马登上崎岖的山顶，看到下面苍翠的山谷中保安的一片古老城墙，确实使人觉得十分意外。

我到后不久，就见到了毛泽东，他是个面容瘦削、看上去很像林肯的人物，个子高出一般的中国人，背有些驼，一头浓密的黑发留得很长，双眼炯炯有神，鼻梁很高，颧骨突出。我在一霎那间所得的印象，是一个非常精明的知识分子的面孔，可是在好几天里面，我总没有证实这一点的机会。我第二次看见他是傍晚的时候，毛泽东光着头在街上走，一边和两个年轻的农民谈着话，一边认真地在做着手势。我起先认不出是他，后来等到别人指出才知道。南京虽然悬赏25万元要他的首级，可是他却毫不介意地和旁的行人一起在走。在最近几年中，他只要"叛变"投向国民党，就可以升官发财，这也适用于大部分红军指挥员。这些共产党人十年来忠于主义的坚定性，你如不知道中国收买其他造反者的"银弹"的历史，是无法充分估计的。

我想我第一次的印象——主要是天生精明这一点——大概是不错的。然而毛泽东还是一个精通中国旧学的有成就的学者，他博览群书，对哲学和历史有深入

* 本文节选自斯诺：《红星照耀中国》一书，题目为新拟。

的研究，他有演讲和写作的才能，记忆力异乎常人，专心致志的能力不同寻常，个人习惯和外表落拓不羁，但是对于工作却事无巨细都一丝不苟，他精力过人，不知疲倦，是一个颇有大才的军事和政治战略家。许多日本人都认为他是中国现有的最有才干的战略家，这是令人很感到兴趣的事。

红军正在保安盖起几所新建筑，但当我在那里的时候，住处是非常原始的。毛泽东和他的夫人住在两间窑洞里，四壁简陋，空无所有，只挂了一些地图。比这更差的他都经历过了，但因为是一个湖南富农的儿子，他也经历过比这更好的。毛氏夫妇的主要奢侈品是一顶蚊帐。除此之外，毛泽东的生活和红军一般战士没有什么两样。做了十年红军领袖，千百次地没收了地主、官僚和税吏的财产，他所有的财物却依然是一卷铺盖，几件随身衣物——包括两套布制服。他虽然除了主席以外还是红军的一个指挥员，他所佩的领章，也不过是普通红军战士所佩的两条红领章。

毛泽东（斯诺摄）

我曾几次同毛泽东一起去参加过村民和红军学员的群众大会，去过红色剧院。他毫不惹眼地坐在观众的中间，玩得很高兴。我记得有一次在抗日剧社看戏，休息的时候，群众一致要求毛泽东和林彪来一次合唱。林彪是红军大学的校长，只有28岁，他以前是蒋介石参谋部里一个著名的年轻军校毕业生。林彪像一个小学生似的涨红了脸，讲了几句很得体的话，请女共产党员代替他们唱支歌，逃脱了"点名表演"。

毛泽东的伙食也同每个人一样，但因为是湖南人，他有着南方人"爱辣"的癖好。他甚至用辣椒夹着馒头吃。除了这种癖好之外，他对于吃的东西就很随便。有一次吃晚饭的时候，我听到他发挥爱吃辣的人都是革命者的理论。他首先举出他的本省湖南，就是因产生革命家出名的。他又列举了西班牙、墨西哥、俄国和法国来证明他的说法，可是后来有人提出意大利人也是爱吃红辣椒和大蒜出名的例子来反驳他，他又只得笑着认输了。附带说一句，"赤匪"中间流行的一首最有趣的歌曲叫《红辣椒》。它唱的是辣椒对自己或者供人吃食没有意义感到不满，它嘲笑白菜、菠菜、青豆的浑浑噩噩，没有骨气的生活，终于领导了一场蔬菜的起义。这首《红辣椒》是毛主席最爱唱的歌。

周恩来

护送我到周恩来的司令部去的，就是列宁儿童团的一个团员。司令部原来是一个不怕轰炸的小屋，四面围着许多同样的小屋，农民都若无其事地住在那里，尽管他们是处在战区中间，而且他们中间还有个东路红军司令。我心里不由得想，红军能够这样不惹人注目地开进一个地方，是不是红军受到农民欢迎的原因？附近驻扎一些军队似乎一点也没有破坏农村的宁静。

蒋介石悬赏八万元要周恩来的首级，可是在周恩来的司令部门前，只有一个哨兵。我到了屋子里以后看到里面很干净，陈设非常简单。土炕上挂的一顶蚊帐，是唯一可以看到的奢侈品。炕头放着两只铁制的文件箱，一张木制的小炕桌当作办公桌。哨兵向他报告我的到来的时候，周恩来正伏案在看电报。

"我接到报告，说你是一个可靠的新闻记者，对中国人民是友好的，并且说可以信任你会如实报道，"周恩来说，"我们知道这一些就够了。你不是共产主义者，

1936年7月，周恩来在安塞百家坪遇到了美国记者斯诺，和他热情握手。

这对于我们是没有关系的。任何一个新闻记者要来苏区访问，我们都欢迎。不许新闻记者到苏区来的，不是我们，是国民党。你见到什么，都可以报道，我们要给你一切帮助来考察苏区。”

周恩来的无线电台设在离开他的司令部不远。他靠这个电台和苏区里所有各个重要的地方，各个战线都保持联系。周恩来盘腿坐在小炕桌前，把无线电报推开一边——据他说，其中大多数是对面山西省黄河沿岸红军东线各地驻军的报告。他动手替我起草一个旅程。写完以后，他交给我一张纸，开列着为时共需92天的旅程中的各个项目。

“这是我个人的建议，”他说，“但是你是否愿意遵照，那完全是你自己的事情。我认为，你会觉得这次旅行是非常有趣的。”

林伯渠

国民革命开始时，林祖涵是国民党中央执行委员会中年资高过蒋介石的几个元老之一。他在广州担任农民部长，北伐时任程潜将军指挥的第六军政委，程潜后来任南京的参谋总长。蒋介石在1927年开始镇压共产党时，林祖涵反对他，逃到了香港，然后去了苏俄，在共产主义大学学习了四年。他回国后乘“地下火车”安全抵达江西，任财政人民委员。林祖涵现在丧偶，自从1927年后没有见过已经长大的子女。他在45岁那年放弃了他的名誉地位，不惜把自己的命运同年轻的共产党人结合在一起。

一天早上，这位55岁的长征老战士来到了我在外交部的房间，满面春风，身上穿着一套褪色的制服，红星帽檐软垂，慈蔼的眼睛上戴着一副眼镜，一只腿架已经断了，是用一根绳子系在耳朵上的。这就是财政人民委员！他在炕边坐下，我们就开始谈论税收来源。我了解，政府是简直不收税的，工业收入肯定微不足道，那么我就想知道，钱是从哪里来的？

林祖涵解释：“我们说我们对群众不收税，这话不错，但是我们对剥削阶级是狠狠地收税的，没收他们的剩余现款和物资。因此我们所有的税都是直接税。这与国民党的做法正好相反，他们到头来由工人和贫农负担大部分税款。我们这里只对百分之十人口征税，那就是地主和高利贷者。我们对少数大商人也征收很少的一部分税，但对小商人不征税。以后我们可能对农民征小额的累进税，但在目前，群众的税全部都取消了。

“另外一个收入来源是人民的自愿捐献。在战争还在进行的地方，革命爱国热情很高，人民认识到他们有可能丧失苏区，因此他们志愿大量捐献粮食、金钱、布匹给红军。我们也从国家贸易，从红军的土地，从自己的工业，从合作社，从银行贷款得到一些收入。但是当然，我们最大的收入是没收。”

“你说没收，”我打断他的话说，“指的是一般所说的抢劫吧？”

林祖涵笑了几声，“国民党叫抢劫。好吧，如果说对剥削群众的人征税是抢劫，国民党对群众征税也是抢劫。但是红军不做白军抢劫那样的事。没收只有在负责人士在财政人民委员部指导下进行。每一项都要上报政府，只用于对社会有普遍好处的事。私自抢劫要受到严惩的。你去问一问人民吧，红军战士有没有不付钱而拿走任何东西的。”

附带说一句，林祖涵本人在经济方面似乎并没有很“得发”。他作为财政人民委员的补贴是五元钱一个月——红区的钱。

彭德怀

在甘肃和宁夏的山间和平原上骑马和步行了两个星期以后，我终于来到预旺堡，那是宁夏南部一个很大的有城墙的市镇，那时候是红军一方面军和司令员彭德怀的司令部所在地。

我必须承认彭德怀给我的印象很深。他的谈话举止里有一种开门见山、直截了当、不转弯抹角的作风很使我喜欢，这是中国人中不可多得的品质。他动作和说话都很敏捷，喜欢说说笑笑，很有才智，善于驰骋，又能吃苦耐劳，是个很活泼的人。这也许一半是由于他不吸烟、也不喝酒的缘故。有一天红二师进行演习，我正好同他在一起，要爬一座很陡峭的小山。“冲到顶上去！”彭德怀突然向他喘吁吁的部下和我叫道。他像兔子一般窜了出去，在我们之前到达山顶。

彭德怀迟睡早起，不像毛泽东那样迟睡也迟起。就我所知，彭德怀每天晚上平均只睡四五小时。他从来都是不急不忙的，但总是很忙碌。我记得那天早上一军团接到命令要前进二百里到敌区的海原，我多么吃惊：彭德怀在早饭以前发完了一切必要的命令后，下来同我一起吃饭，饭后他就马上上路，好像是到乡下去郊游一样，带着他的参谋人员走过预旺堡的大街，停下来同出来向他道别的穆斯林阿訇说话。大军似乎是自己管理自己的。

附带说一句，虽然政府军飞机常常在红军前线扔传单，悬赏五万到十万元要缉拿彭德怀，不

彭德怀与美国女记者威尔斯在陕北合影

论死擒活捉，但是他的司令部门外只有一个哨兵站岗，他在街上走时也不带警卫。我在那里的时候，看到有成千上万张传单空投下来要悬赏缉拿他、徐海东、毛泽东。彭德怀下令要保存这些传单。这些传单都是单面印的，当时红军缺纸，就用空白的一面来印红军的宣传品。

红军战士

据杨尚昆说，普通士兵的平均年龄是19岁，这很容易相信。一方面军约有三万人，南方人占的百分率很高，约有三分之一来自江西、福建、湖南或贵州。将近百分之四十来自西部的四川、陕西和甘肃等省。

从最高级指挥员到普通士兵，吃的穿的都一样。但是，营长以上可以骑马或骡子。我注意到，他们弄到美味食物甚至大家平分——在我和军队在一起时，这主要表现在西瓜和李子上。指挥员和士兵的住处，差别很少，他们自由地往来，不拘形式。

有一件事情使我感到迷惑。共产党人是怎样给他们的军队提供吃的、穿的和装备呢？像其他许多人一样，我原以为他们一定是完全靠劫掠来维持生活。我已经说

1936年斯诺与长征中强渡大渡河的红军勇士们合影

过，我发现这种臆想是错误的，因为我看到，他们每占领一个地方，就着手建设他们自己的自给经济，单单是这件事实，就能够使他们守住一个根据地而不怕敌人的封锁。此外，对于中国无产阶级军队能够靠几乎不能相信的极少经费活下去，我也是没有认识的。

共产党没有高薪的和贪污的官员和将军，这是事实，而在其他的中国军队中，这些人侵吞了大部分军费。在军队和苏区中厉行节约。实际上，军队给人民造成的唯一负担，是必须供给他们吃穿。

实际上，我已经说过，西北苏区占地面积相当于英国，它的全部预算当时每月只有32万美元！这个惊人的数目中将近百分之六十是用来维持武装部队的。

我在宁夏和甘肃所看到的红军部队，住在窑洞里，富有地主原来的马厩里，用泥土和木料草率建成的营房里，以前的官吏或驻军丢弃的场地和房子里。他们睡在硬炕上，甚至没有草垫，每人只有一条棉毯——然而这些房间却相当清洁整齐，虽则地板、墙壁和天花板都是刷了白粉的泥土。他们难得有桌子或书桌，把砖头或石头堆起来就当椅子用，因为大部分家具在敌人撤退以前就给毁坏或运走了。

每一个连都有自己的炊事员和后勤部门。红军的饮食极为简单。咖啡、茶、蛋糕、各种糖果或新鲜蔬菜，几乎是闻所未闻的东西，他们也不想。热开水几乎是唯一的饮料，喝冷水受到特别禁止。

红色士兵不作战时，一天到晚都很忙，实际上，在西北，像在南方一样，经常长时期没有活动，因为占领一个新地方后，红军就要休整一两个月时间，成立苏维埃或者进行其他的“巩固”，只派少数人去前哨值勤。红军士兵不作战或不值勤时，每星期休息一天。他们五点钟起床，晚上九点钟吹“熄灯号”睡觉。每天的时间表包括：起床后即进行一小时的早操；早餐；两小时的军事训练；两小时的政治课和讨论；午餐；一小时的休息；两小时的识字课；两小时的运动；晚餐；唱歌和开小组会；“熄灯号”。

每一个连和每一个团都有列宁室，这里是一切社会和“文化”生活的中心。团的列宁室是部队营房中最好的，但这说明不了什么；我所看到的总是很简陋，临时凑合成的，它们使人注意的是室内的人的活动，而不是室内的设备。它们全都悬挂了马克思和列宁像，那是由连团中有才能的人画的。像中国的一些基督像一样，这些马克思和列宁像一般都带有鲜明的东方人的外貌，眼睛细得像条线，前额高大，像孔子的形象，或者全然没有前额。红军士兵给马克思起了马大胡子的绰号。他们对他似乎又敬又爱。

廉洁奉公的表率——朱德*

/王谦

作为新中国成立后第一任中共中央纪律检查委员会书记，朱德处处以身作则，坚持党的优良传统，身体力行，一贯艰苦朴素，严格要求自己，为处在执政地位的中国共产党人做出了表率。

朱德对母亲的感情是很深的，他母亲含辛茹苦地抚养着八个儿女，没有享到一天清福。朱德是兄弟姐妹中的老四，也是他们中间唯一念过书的人，他能完成学业考上秀才，全靠母亲起早摸黑辛苦劳作和兄弟姐妹节衣缩食，硬是一个铜板一个铜板揪出来供养起的识字人。对此，朱德对家人怀有深深的敬意和歉意。解放后，朱德从兄弟姐妹家各接一个孩子来身边读书，就是为报答兄弟姐妹为他做出的牺牲。有一次，朱德的家乡遭灾，身为八路军总司令的朱德只有五块大洋的薪水，无法帮助母亲渡过难关，就只好求助云南的好友戴与龄，请朋友给他的家中寄一点钱，才使家人摆脱了困境。

三年经济困难时期，毛泽东、朱德等领导人带头节衣缩食，与全国人民一道渡过难关。就在工作人员精打细算帮助朱德计划开支抚养十多个孩子时，有一笔巨款早就存放在德国，等着朱德去领。这是美国进步作家史沫特莱写朱德传记《伟大的道路——朱德的

* 摘自《文史精华》2010年第9期。

1959年朱德在北京玉泉山翻地种菜

生平和时代》一书的稿费。史沫特莱1950年逝世前，曾经留下遗嘱，要将稿费交给书中的主人公——朱德将军。国外有关机构按照死者的遗嘱，办理了稿费移交事宜，将这笔稿费移交给了中国驻东德大使馆。朱德知道这件事后，没有关心那笔稿费的下落，而是怀着对史沫特莱深深的敬意，亲自将她的一半骨灰安葬在北京，并且在墓碑上题了字。以后他对稿费只字不提，好像这笔巨款从来没有存在过一样。多年后，即1958年2月，朱德接到中国驻东德使馆的请示："朱德副主席在我馆存稿费95008.30马克，已有两年之久，此款如何处理？"朱德接到大使馆的请示，二话没说，提笔批示道："买自然冶金科学新书、化学新书寄回！"大使馆的同志遵照朱德的指示，购买了大量国外最新科技书籍，书籍全部分给各大图书馆和有关科研单位。这批科技书籍对于建设中的中国无疑是雪中送炭，是一笔科技投资。

朱德严格教育自己的子女，不让孩子们有高干后代的优越感。女儿朱敏小时候被送到苏联读书。在苏联卫国战争期间，曾被德国法西斯关进少年集中营，吃了许多苦。1953年，朱敏从苏联学成回国，被分配到北京师范大学当教师。朱德就要她搬到学校去住单身宿舍，嘱咐她不要常回家。要好好工作，同群众打成一片。规定她每个星期天才能回家，而且只能坐公共汽车回来。当时朱敏已经结婚，但学校的新宿舍没有建起来，她就在单身宿舍里住了四年。为了让朱敏一心一意地投入工作，朱德和康克清将朱敏的第一个孩子带到身边亲自照料。朱敏想孩子时，也不能随时回家看，必须在星期日休息时才能看孩子。朱敏在莫斯科读书时，常年是供给制，从不知道该怎样花钱。在北京师范大学当教师时要自己管理生活，结果每月工资发下来，不会计划用，老是一个月工资半个月就花光了。没有办法，只好去找父亲。朱德见她衣兜里只剩几个硬币，不由得笑了起来："怎么？老师同志，成了穷光蛋了，工资一个人花还不够？别人一大家子的日子怎么过呀？照你这个花法，不是要把家人的脖子都扎起来了。你的毛病是没有计划性，以后爹爹帮你制定开支计划，要养成良好的用钱习惯。"后来朱德还真的给朱敏搞了个详细的开支表，如每月伙食费多少水电费多少，书报费多少，衣物费多少，杂支多少，零花多少等等，一项项非常仔细。朱敏以后就按照朱德给她的这个开支计划用钱，再没有出现"经济危机"的情况。渐渐的，朱敏也养成了节省的习惯。后来她有了六个孩子，也没有向朱德伸手，就靠他们夫妻俩的工资，把生活安排得有条不紊，孩子个个都很结实、健康。

李先念廉洁奉公二三事*

/何立波

对待贪污腐败决不手软

抗日战争时期，李先念曾先后担任鄂豫边区军事部长、边区党委书记，新四军第五师师长兼政委。他多次在部队和机关党员、干部会上，用毛泽东在延安窑洞的小油灯下"一熬就是几个通宵，连饭端来了也顾不上吃"、"一支铅笔用得捉不住还舍不得丢"、"思考问题时把灯芯拨得小小的"、"生活不搞特殊化，一只鸡让所有在家的首长分享"等勤俭节约、艰苦奋斗的故事教育大家。在一次抗大十分校的毕业会上，李先念指出："革命军队的每一个军人，特别是干部和共产党员，要吃苦在先，享受在后；大众利益在先，个人利益在后。要与别人比革命工作的多少和艰苦性，不与别人计较享受的优劣，更不允许贪污腐化。"他要求党员、干部在艰难困苦的抗日斗争中一心为公，清正廉洁。

随着抗日战争的深入发展，鄂豫边区根据地逐步扩大，其机关职能部门也相应增多，随之而来的官僚主义作风和贪污腐化行为也表现出来。正如边区党委委员吴祖贻所列举的那样：人家摊派保甲经费，我们便也来一个"抗日月捐保甲摊派"；人家从上到下地奉行公事，我们便也处处靠命令来领导行政工作，不检查，不督促，以致自己机关的干

* 节选自《党史文汇》2010年第5期。

部贪污腐化。

对于官僚主义和贪污腐化的危害性，鄂豫边区党委领导人是十分重视的。李先念、陈少敏、任质斌、王翰、吴祖贻、夏忠武等就曾多次在党、政、军机关会议上大讲特讲官僚主义的危害。边区党委领导人不仅要求党员、干部克服官僚主义和反对贪污腐化，而且更重要的是他们处处严格要求自己。作为边区党委书记和新四军第五师师长的李先念，其表率作用就更为突出。1942年12月，在大悟山反"扫荡"的一次急行军中，由于风大雨疾，路窄泥泞，走在队伍前面的李先念突然摔倒在地上，参谋肖健章赶忙上前搀扶，李先念摆了摆手忙从地上爬起来，一边擦着身上的泥水，一边温和地对肖健章说："别管我，你把路带好点就行了。"李先念的一言一行，战士们听到耳里，看在眼中，不知不觉行军的步伐便加快了好多。李先念很关心战士，很关心百姓，极其注重搞好军民关系。一次，他的警卫员何小乐在大悟白果树湾给房东严大妈挑水，不小心把水桶给摔坏了。李先念急忙叫小何借来斧头、刨子和锯，一会儿功夫就把两只水桶修好了。李先念无论在什么情况下，从来不搞特殊化，处处与干部战士同甘共苦，深受全军将士的尊敬和爱戴。在第五师开展反贪污腐化活动中，他带头自我检查，并特别叮嘱他身边的干部，要带头作好表率。"贪污腐化是侮辱了自己的人格"，这是他经常与党员、干部谈话时的口头禅。在他的言传身教下，第五师警卫团的全体官兵就表现得很突出。干部从没有敲诈百姓的事情发生，没有贪污腐化的现象。战士从没有拿过老百姓的一针一线。部队所到之处，与群众关系像鱼水一样，备受老百姓欢迎。

李先念顾全大局，团结同志，但又始终不渝地坚持原则，坚定不移地维护党的纪律的严肃性，毫不留情地惩治革命队伍中的腐败分子。1942年11月，李先念亲自批准处决了第五师部队中的两名腐败分子。他通过这件事教育第五帅的广大指战员：为使党能领导人民进行革命，得到人民真心实意的拥护，对于犯纪犯法的人是不能宽容的，是要进行严厉的制裁的。“如果庞大的党的组织，没有铁的纪律，你们想想，它怎么能有强大的战斗力，怎么能领导对敌作战获取胜利？”这件事情发生后，李先念还经常告诫大家，绝对不能自高自大，自夸其功，千万不要以自己的功绩来抵抗党的纪律和军纪及自己的缺点，否则就无进取的力量，就无前途。

“我是国家的副总理，不是红安的副总理”

老同志们回忆说，李先念从不讲究吃穿，建国后始终保持艰苦朴素的生活作风。解放后，他在湖北工作期间，生活条件改善了，早饭常常是一碗稀饭，一个馒头，一碟咸菜，中晚餐也不过是一荤一素一个汤，顶多再加个小碟子；当留客人吃饭时，也不加菜，只是数量多一点。对此，李先念常常说：“比起过去的生活已经是天堂了。”“个人生活太奢侈了，会丧失贫下中农的感情。”就是在担任了国家主席后，他招待客人也是规定四菜一汤，粗茶淡饭，根本不喝酒。出差到外地，他也从不接受地方的招待。李先念常教育地方的同志说：“每个同志，特别是党员，要充分认识到自己的人格和道德是宝贵的。我们的人格道德和封建的资本主义的人格道德，是完全不同的，因为封建的和资本主义的人格道德是虚伪的，我们的人格道德是实际的。处处以党的利益为最高准则。特别是在单独活动时，千万不能丧失自己的人格道德，要绝对尊重自己的人格，不破坏党的利益，不同流合污。”

1960年10月，时任国务院副总理兼财政部长的李先念率中央有关部门的负责同志，经河南南下，来到故乡红安视察。这是全国解放后李先念第二次回故乡。回故乡本来是值得高兴的事，但李先念此时的心情显得格外沉重。与前次截然不同，这次没讲一句风趣话，满脸的威严。原来，当时正处于三年自然灾害最困难的时期，许多省市粮食告急，还有饿死人的现象。加之一些地方“共产风”、浮夸风、强迫命令风、生产瞎指挥风和干部特殊化风严重，使本来就很困难的局面雪上加霜，变得更为严峻。很长一段时间，李先念几乎每天早晨所做的第一件事就是批阅各地上报中央的粮食报表。此次南行，他肩负着党中央、毛主席交给的纠“五风”的重大使命。途经河南信阳地区，他见许多群众的鞋子上套了一层用来表示哀悼死者的白纱布，难过得流下了眼泪。

到达红安后，李先念一下车就问县委书记张景田，红安的灾情如何？群众生活安排得怎么样？有没有饿死人？张景田如实作了汇报。与农村基层干部座谈时，李先念毫不留情地批评一些地方干部搞特殊，把干群关系搞得十分紧张。他说，我们有些同志过去打天下时很聪明，懂得要紧紧依靠群众和怎样依靠群众，现在搞建设却糊涂了，忘了本，群众饿肚子也麻木不仁，这哪里像是共产党的干部？群众有怨气是对的嘛，骂娘也活该！现在看一个干部是否合格，首先要看他的群众观念如何，是不是与群众同甘共苦，团结一致，克服困难。对官僚主义严重，搞浮夸，不关心群众疾苦，只顾自己享受的人，要坚决撤下来，不然，留在那个位置上害死人！讲到自力更生、生产自救时，李先念指出，红安荒地多得很，要发动群众多种瓜菜，房前屋后都可以种，以瓜代粮。这时，随行人员介绍，“瓜菜代”是李副总理首先提出来的，毛主席、周总理都认为是个好办法，中央已发了文件，要求全国推广。李先念说：“这也是逼出来的。全国几亿人口要吃饭，粮食就那么多，不想些办法怎么行？”他要求全县各级干部深入实际，开动脑筋想办法，扎扎实实地做好工作，与广大群众共渡难关。

当天夜晚，红安县委派人将李先念的姐姐李德琴和侄儿陈锡民接到县城。李先念单独与姐姐、侄儿进行了近两个小时的交

1988年李先念与姐姐一家在家乡红安合影

谈。"你们说说看，县里有没有饿死人？"李先念严肃地问。陈锡民回答："我们湾里没有，整个高桥区的情况也还好，但二程区和其他一些地方死了一些人，还有许多人得了浮肿病。"李先念说："那是缺营养，搞点黄豆吃，症状就能减轻。"李德琴插话："田地干得发裂，哪里还长黄豆哟！""这是个问题！"李先念说完，又换了一个话题："干部作风么样？""绝大多数还好，与群众一起劳动，帮助群众解决生活上的困难。也有个别人差些，喜欢吹牛，老想占群众的便宜。”陈锡民说的是实话。“生产上的事情，社员能不能作主？”“前几年还不行，今年有较大转变，基本上可以作主。”“准不准搞副业，比如说养鸡养鸭？”李德琴直言相告：“社员连粥都喝不饱，哪里能养这些东西！”她喝了口水，接着说，“先念啊，你做了这么大的官，红安缺粮，你也不管管？！”李先念严肃地说：“我的姐姐哟，你不要讲蛮话，红安人要吃饭，黑安人也要吃饭啊！全国这么大，到处缺粮吃，都像你们这样伸手，我李先念有天大的本事也招架不了，你就不能为我想一想？”

姐姐李德琴和侄儿陈锡民低头不语，李先念严肃地说：“当然我手里并不是完全没有粮食，也不是没权力调拨，我是国家的副总理，不是红安的副总理，红安缺粮，只能由省里调剂解决，我个人无权给红安拨粮。”分别时，他要姐姐和侄儿回去后代问乡亲们好，告诉大家要体谅国家的困难，不能只想到向上伸手，要自力更生，在参加集体生产之余，可以搞点副业。没有粮食，鸡鸭也不是完全不能养。山上有的是虫子，河里塘里也有鱼虾，让鸡上山，鸭下塘，照样可以长肉下蛋。

这次回家李先念了解到的情况与红安县委汇报的差不多。事后，李先念对随行人员说：“红安县委还是实事求是的。”由于要赶往省里作反“五风”的报告，李先念这次回乡只在县里停留了一天。为了防止县里在伙食上给他搞特殊，他亲自向县委负责人嘱咐“三不准”：不准炒荤菜，不准煮米饭，不准搞酒喝。从来到走共吃四餐饭，李先念同随行人员一样，吃的是荞麦粑和青菜炒豆渣。

在全社会培育清正廉洁的价值理念

/王宾宜

习近平总书记指出:"要加强反腐倡廉教育和廉政文化建设,督促领导干部坚定理想信念,保持共产党人的高尚品格和廉洁操守,提高拒腐防变能力,在全社会培育清正廉洁的价值理念,使清风正气得到弘扬"。反腐败斗争,既是关系党和国家生死存亡的政治斗争和维护党纪国法的法纪斗争,更是一场正义与邪恶的社会价值观较量。有人说,最可怕的腐败,是社会价值观的腐蚀堕落。如果拜金主义、极端利己主义、享乐主义盛行,人们对腐败麻木、默许甚至羡慕,腐败必将成为一种常态,建设廉洁政治只能是水中花、镜中月。因此,坚决反对腐败,既要坚持有腐必惩、有贪必肃,始终保持高压态势,也要注重从文化和价值观的层面入手,培育秉公用权、廉洁从政的价值追求,形成"以廉为荣、以贪为耻"的社会风尚,才能促进党风廉政建设和反腐败斗争的健康发展。

价值观具有渗透性、贯通性、普遍性,是社会文化的内核和灵魂。伴随世界多极化、经济全球化不断发展,价值观的激烈冲突和深刻变革已经成为一种世界性、时代性的文化现象。改革开放以来,我们党一直重视加强对党员干部进行世界观、人生观、价值观教育。但由于价值观本身的穿透力,西方腐朽价值观和市场经济条件下的拜金价值观很容易侵袭一些缺乏坚定信念和坚强意志的人，致使权力寻租、权钱交易、权色交易在一些领域易发多发。如何在社会价值观的较量中争取主动、赢得胜利，是摆在各级党组织面前的重要课题。毛泽东同志曾经说过："不破不立。破字当头，立在其中。"培育清正廉洁的价值理念，必须坚持"破"、"立"结合，在"破"与"立"之间，探寻社会价值观的再造之道。

破"腐败之殇"，立党纪国法之威

一些扭曲社会价值观的形成和蔓延，与少数贪腐党员干部没有得到及时、有效的惩处不无关系。有的腐败分子"边腐边升"，有的是"检查一阵子、享乐一辈子"，必然会引发"炫腐"、"羡腐"、"笑贫不笑贪"的不良社会现象甚至潜规则，影响着正确价值观的形成。因此，重塑社会价值观，必须对各类腐败现象零容忍，不允许、不容忍任何腐败行为，哪怕是轻微的腐败行为都要毫不犹豫、绝不妥协地与之进行彻底斗争。今年以来，安徽省加大对腐败案件惩处力度，全省纪检监察机关立案4154件，同比增长80%，处分3592人，其中查处县处级干部129件，同比增长111%，厅级干部10余人。尤其是查处了两名在职的省辖市市委书记、两名省直单位的一把手，形成了强大震慑作用。在坚决查处腐败案件的同时，安徽省还注意发挥办案的治本功能，利用互联网对腐败案件及时通报曝光，利用典型案例剖析和腐败分子的忏悔书编印警示教育材料，省委还专门召开省辖市市委书记、市长警示谈话会，进一步强化领导干部的法纪意识。事实证明，只有对腐败零容忍，并注意利用鲜活的案例教育广大党员干部，才能真正显示党纪国法的崇高威严，才能使党员干部在任何情况下都不逾越法律、纪律和道德的底线，真正做到敬法畏纪、遵规守矩。

破"四风"之弊，立清正廉洁之风

风成于上，俗形于下。领导机关和领导干部的作风，不仅关系着党在群众中的威信和形象，也对社会风气的形成、价值观的塑造有着重要影响，具有示范引领功能。利用公款大吃大喝、公车私用、大操大办收受礼金、滥发奖金、公费旅游等等，看起来是小问题，实质就是想方设法利用手中权力为个人捞点好处，归根到底是价值观的扭曲。作风问题积累时间长、涉及领域广、解决难度大，具有顽固性、反复性。安徽省在作风建设中，注重从具体问题入手，既治"流行病"，又治"地方病"，针对作风建设方面的突出问题开展了数十项专项整治活动。在狠刹不正之风的同时，坚持纠建并举、激浊扬清，将"三严三实"要求作为教育实践活动的重要内容，先后组织"建立五类重点制度"和"五整五建"专项行动，出台一批作风建设经常化的制度，并在政务服务系统开展"马上办"作风建设活动，大力营造干事创业和风清气正的政治生态环境。同时，坚持正确的用人导向，着力解决"怎样选人"、"怎样评价人"、"怎样监督用人"等问题。事实证明，加强作风建设，必须将整治突出问题与培育良好政治生态相结合，着力培养思想自觉，才能相辅相成、相得益彰，用良好的政治生态环境促进作风养成，以好的作风营造良好的政治生态环境。

破"潜规则"之害，立权力运行之规

"潜规则"以谋取私利为价值取向，将权力等同于特权，消解党章权威，败坏党内风气。当前一些地方和领域"潜规则"盛行，究其原因，有的是因为制度不健全、不牢靠，存在"牛栏关猫"的问题；有的是因为制度不严谨，执行不到位，沦为"稻草人"。树立正确的社会价值观，必须以规范权力运行为重点，完善各类制度，强化各方面监督，使形形色色的关系网失效，使方方面面的"潜规则"失灵。

党的十八大以来，安徽省将规范权力运行摆在突出位置，巩固深化廉政风险防控工作成果，大力推行行政权力清单制，按照“法定职责必须为、法无授权不可为”的原则，将所有行政权力纳入清单，并建立与之相匹配的责任清单，解决好问什么责、谁来问责、怎么问责的问题，形成有规必依、违规必纠、追究必严、一查到底的问责机制。同时，围绕用权、用地、用钱等方面，制定规范财政一般性转移支付和专项转移支付资金管理、行政事业单位资产管理、矿产资源勘查开发和配置管理、预留建设用地计划指标使用管理等一系列制度规范。推进公共资源交易体制和招投标监管改革，完善公共资源交易管理架构，实行管办分开、分业监管，建立全省统一的公共资源交易专家库，实行网上评标，确保公平公正。事实证明，“潜规则”就是公权私用、暗箱操作的规则，是见不得阳光的东西。破除“潜规则”最有效的方法，就是完善健全各类明规范，对权力运行实行全程监控，把自由裁量权限定到最小，实行严格的制度、严密的监督、严厉的追责，不给不法交易留下暗箱操作的空间。

破“责任虚置”之漏，立明责尽责之序

最基本的价值观是责任观。当前，一些党组织软弱涣散、队伍管理缺位，党内生活政治性、原则性下降，造成不良风气的滋生蔓延。这其中一个重要原因就是少数党组织的不作为，忘记管党治党的责任，没有真正把党风廉政建设视为主责、盯紧抓实。责任不明确、责任不落实，不仅影响党风廉政建设的实际成效，也不利于形成全社会有序参与、大力支持风清气正的文化氛围。党的十八大以来，安徽将强化党风廉政建设党委主体责任摆在重要位置，坚持由省领导带队对省辖市落实党风廉政建设情况进行考核，研究出台落实党风廉政建设党委主体责任和纪委监督责任的意见，对主体责任和监督责任的内容进

行细化明确，完善相应的保障措施。省委书记与省辖市和省直各单位党委（党组）主要负责人就履行主体责任进行集体谈话。今年5月，我省对国土资源、环保系统发生的多起腐败案件进行"一案双查"，对两个部门的党组和班子成员、纪检组长实施责任追究，产生了较大震动。事实证明，把党风廉政建设的责任压实，尤其是牵住落实党委主体责任这个"牛鼻子"，把主体责任落实到每一级党组织，延伸到基层单位，对每一个具体问题都分清由谁负责、负什么样的责任，形成上下贯通、有机互动的责任体系，不仅有利于党风廉政建设各项任务的落实，也有利于进一步强化党员领导干部的责任意识，形成"人人有其责、人人负其责、人人尽其责"的良好氛围。

王岐山同志指出，现在"不敢腐"初见成效，接下来还要向"不能腐"和"不想腐"推进。这段话既是对当前反腐败形势的基本判断，也是对反腐败工作提出的新任务和新要求。国家的强盛离不开精神的支撑，民族的进步有赖于文明的成长，反腐败同样离不开良好的思想保障和文化支撑。各类腐败现象破坏平等公正法治、违背敬业诚信友善，与社会主义核心价值观背道而驰。只有在思想上扶正祛邪、补钙提神，才能形成净化政治生态的最深厚土壤。坚定不移地推进党风廉政建设和反腐败斗争，实现"不想腐"的目标，既要坚定决心和信心，也要保持耐心，注重破立结合，在继续坚决肃风整纪的同时，大力弘扬我党清正廉洁的优良传统，倡导为民、务实、清廉的价值追求，使思想防腐与制度治腐互为补充，为党员干部特别是领导干部廉洁从政营造良好的思想道德环境和社会价值氛围。

（作者时任中共安徽省委常委、省纪委书记）

廉洁从政不做“三类官”* /李江山

廉洁从政是我们党执政为民的根本体现，是一种文明的积累，代表着一种向上的信念和普遍的价值，与个人道德修养和精神境界密切相关，不因为历史的变化而变化。坚持廉洁从政不仅是党的一贯要求，也是每一位领导干部必修的基本功、必备的基本能力和应有的精神境界。要想代表人民的意志，代表前进的方向，就必须坚持廉洁从政，不做贪官、不做懒官、不做庸官。

重品行，不做贪官。干净开明，有能力办成事，是为政的信念，是古今中外所推崇的主流理念和基本目标。自古以来，百姓对“官”一般有两条要求，一要“两袖清风”，二要“公正廉明”。为政不廉，不能为官；为官不廉，轻则生乱祸己，重则亡党误国。铁面御史包拯提出：“廉者，民之表也；贪者，民之贼也。”汉朝刘向说：“治官事则不营私家，在公家则不言私弊，二者不可统一。”这些都昭示着一种为官从政之道，时刻警醒着我们知廉、讲廉、守廉、助廉。在我们党的建设史上，虽然时代在不断发展变化，但反腐倡廉作为全党生死攸关的大事，必须始终放在突出位置来抓。干净干事不当贪官需强化“六个意识”。一是信仰意识。共产党人要有正确的世界观、人生观、价值观。党章规定“领导干部必须具有共产主

* 选自《中国纪检监察报》2009年4月22日。

义远大理想和中国特色社会主义坚定信念”。中国共产党人历来以信念坚定而著称，革命先烈夏明翰有一首大家热爱的诗：“砍头不要紧，只要主义真，杀了夏明翰，还有后来人。”讲的就是这个道理。为官从政有两点必须把握：一要有度有节制。“欲虽不可去，却可节也。”人之往来、拜访交往是常情，但不可纵、不可贪。二要基本原则不能变。如果从政，就不要爱钱，干干净净为老百姓办事。这是原则问题，是底线。二是敬畏意识。作为领导干部，在岗位履职上，时刻要有一种如履薄冰、如临深渊的危机意识；在清正廉洁上，要有一种嘴不馋、心不贪，思不谋、利不沾，色不迷、法不犯的心理，常思贪欲之害、常怀敬畏之心。三是自省意识。即慎权、慎独、慎微、慎友。在权力运用特别是利益资源分配上，要始终保持清醒，小纵不禁，大节必失，要想人不知，除非己莫为。四是公仆意识。做事与不做事，体现了修养不同，境界不同。作为一名党员干部，心里要装着一本民生账，以干事为责，踏实解决好群众生产、生活中的难题。五是民主意识。善于集思广益，博采众长，听取不同的意见，切忌自以为是，妄自尊大。六是程序意识。要按规矩说话，按规矩办事，特别是在用人、用钱、用权问题上，在工程建设、土地出让、产权交易、医药购销、政府采购等领域或环节上，必须严格按制度办事。

讲责任，不做懒官。干部就要干事，职位意味着责任，为人民服务不是一句空话。不当懒官就要在其位、尽其心、谋其事、用其智、善其事、负其责、毕其功。一要牢记责任。领导就是责任，责任重于泰山。为官一任就要始终怀着民不富心不安的强烈责任感，时刻绷紧一根弦，任务没完成、工作没起色、难题没攻破，心中就有一种食不甘味、寝不就枕、坐卧不安的思想压力。凡是职责范围内的工作，一定尽职尽责、主动地干，决不推诿扯皮、敷衍塞责；凡是上级交付的任务，一定想方设法不折不扣完成，决不搞上有政策、下有对策；凡是涉及群众利益的事情，一定千方百计办好，决不麻木不仁、漠然处之。二要争分夺秒。当前，发展任务非常艰巨，特别要强化机遇意识和效率意识，对既定的事项逐一拉出时间表，加快节奏、争分夺秒、大干快干。三要真抓实干。要建立完善考核、问责、奖惩机制，促使各级干部真正把心思统一到干事业上、把精力集中到做实事上、把工夫下到抓落实上，确保各项工作目标和任务顺利完成。要牢固树立正确的政绩观，看结果不看过程，定下来的事情要雷厉风行、抓紧实施，部署了的工作就要扭住不放、一抓到底，落到实处。

强本领，不做庸官。领导干部要保持清醒的头脑，具备领导发展、驾驭全局、处理急难险重问题的能力，坚决反对不明事理、思路不清，以其昏昏、使人昭昭。一是谋划发展的思路要清。思路决定出路。以更广的视野、更宽的思路、更大的气魄想大事、谋实事、干成事，善于把科学发展观的要求转化为谋划发展的具体思路、推动科学发展的具体措施。二是破解难题的能力要强。当前摆在发展道路上有不少难题，应客观分析、认真研究、创新方法、逐一解决。最重要的是坚定信心，抓住重点，强力突破。要始终带着激情以开拓的精神知难而进，对遇到的矛盾和问题，深入分析研究，一件一件提出解决办法；对上级各项政策措施，积极对接，一项一项抓好落实；对承担的工作任务，不等不靠，一个一个认真完成。三是保障民生的本领要高。民生问题是一个关系发展稳定的重大问题。对于我们来讲主要是抓住两点：必须把解决好群众特别是困难群众最关心、最直接、最现实的生产生活问题放在更加突出的位置；坚定不移地走群众路线，做到问政于民、问需于民、问计于民。对于目前来讲，就是要抓住国家加大民生投入的机遇，围绕群众关心的改善办学条件、安全饮水、城乡医疗卫生一体化等问题，积极谋划，多为群众办一些实实在在的事情。

（作者为中共河北省宁晋县委书记）

反腐败关键是约束权力* /万延庄

十八大报告指出，深化重点领域和关键环节改革，健全反腐败法律制度，更加科学有效地防治腐败。要建立健全权力运行制约和监督体系，坚持用制度管权管事管人，确保决策权、执行权、监督权既相互制约又相互协调，确保国家机关按照法定权限和程序行使权力，做到干部清正、政府清廉、政治清明。这为我们党的反腐倡廉建设指明了需要遵循的方向。

腐败的主体是掌握公共权力的公职人员或组织，手段是不正当地运用了公共权力，目的是谋取私利。当今中国出现的腐败问题，最根本的问题是权力腐败，权力腐败的本质是滥用权力，以权谋私。可见，用法治方式约束权力是反腐败的关键。

现在我们出台了许多制度、规范，但许多还都停留在政策层面，已经不能完全适应反腐败形势发展的需要，一些制度的局限性开始显露：一是缺少程序性。现有的制度大多是应急性、阶段性的，是对“行为”提出的规范要求，且原则性要求多，缺乏落实制度规定的程序性规定和措施，因而在实际操作中有较大的随意性，很难起到制约规范的作用；二是缺少惩戒性。在制度设计时，过多的考虑“自律”，偏重于引导，往往使用

* 选自《光明日报》2012年12月6日。

“严禁”、“禁止”、“不准”等原则性语言，缺少与其配套的落实执行制度和惩戒制度，缺乏约束力；三是执行失之于宽。有法不依、执法不严、违法不究现象时有发生，一些违法或不当的行政行为还得不到及时有效的制止和纠正，群众和企业的合法权益受到损害时得不到及时帮助，人民群众反映比较强烈。

反复发生的腐败问题，经常出现的“摁下葫芦瓢起来”现象，与缺少有效的司法监督有关。这就要求我们深刻分析腐败问题发生的多方面原因，综合运用各种措施治理腐败，在通过党内监督和行政监督制约权力、防止权力滥用的同时，加大司法监督权力运行的力度，扬法治反腐“利剑”，使越雷池者接受应有的惩罚。

古今中外的历史和现实都告诉我们：阳光是最好的防腐剂。在当前公众参与热情高涨、新兴媒体快速发展的背景下，必须从源头上预防和治理腐败，建立惩治和预防腐败体系，使政府公职人员严格执法、文明执法、公正执法，推进依法行政，从而建设法治政府。建立健全权力运行制衡机制，可以从以下方面入手。

要科学划定公共权力的界限。合理确定政府权力与公民的自由空间之间的分界线，保持政府权力与公民权利之间的均衡，并通过法律加以限定，防止政府权力“越位”和“错位”。对政府权力而言，主要是限权，非经法律授予不得行使；对公众权利而言，主要是维权，法无明令禁止的则可以行使。

要对权力的运行过程进行规范。不仅政府的权力要由法律授权和设定，权力的行使方式和基本程序等也都应当由法律法规加以明确规定。只有科学制定政府行政行为的操作规程，严格限制自由裁量权，才能有效避免因随意用权而出现的腐败。

行政权力必须与责任挂钩。只有权力而无责任，则权力必然被滥用；只有责任而不赋予完成工作所需要的权力，则责任就会落空。所以，一定要保持权力和责任的对等和统一。积极推行行政执法责任制，建立健全执法依据公开、执法过错追究和执法行为评议考核制度，做到有权必有责、用权受监督、侵权要赔偿、违法要追究，防止权力失范失衡导致腐败问题的发生，不断提高政府机关公务员依法行政的观念和依法处理经济社会事务的能力。

香港廉政公署的工作业绩有口皆碑，其防止贪污处的工作使命可以概括为一句话：改善有可能导致贪污的工作方法及程序，并为公营、私营机构等提供良好的防贪顾问服务。这种对权力运行过程的严格规范和控制值得学习借鉴。防治腐败既是一项复杂的系统工程，也是一项长期艰巨的任务。用法治的方式制约公权力，走法治反腐的道路，是众望所归，也是反腐败斗争向纵深发展的必然趋势。

（作者为山东省委巡视组巡视专员）

当前我国腐败现象的新特点与反腐败的对策*

/辛向阳

一、当前我国腐败现象的新特点

当前我国的腐败出现了一些新的特征：由收钱收物的"硬腐败"发展为接受各种服务、旅游出国等"好处"的"软腐败"；由个人捞钱的"小腐败"上升为集体福利、挥霍公款的"大腐败"；由内资企业的"内资腐败"发展为外资企业参与商业贿赂的"外资腐败"；由一人出事的"单案"扩大为一揪一串的"窝案"。具体来讲，腐败现象具有的特点是：

其一，群体化。湖南省郴州市委原书记李大伦腐败案发后牵涉人员达160余人；"慕马腐败大案"涉案人员达142人；湖北襄樊市委书记孙楚寅落马，牵出领导干部70余人。可以说，一些腐败败露后，往往引发所辖地区官场的"大面积塌方"。腐败分子在政治上拉帮结派，经济上相互牵连，结成了利益同盟，呈现出明显的群体性，即"窝案"、"串案"。其主要特征一是涉案人员众多；二是涉案人在政治上丧失党性原则，形成了具有紧密人身依附性质的关系网；三是在经济上互相利用，结成了利益共同体。

其二，高官化。据公开资料统计，2003年至2007年的五年间，共有35名副部级以上官员落马，年均

* 节选自《当代世界与社会主义》2010年第5期。

七人。2009年全年落马的省部级(含副部级)高官有17人。

其三，巨额化。腐败涉及的金额巨大，动则就是上千万其至上亿元。2009年已经基本查明涉案的31位国企企业家犯罪涉案金额累计达34.0466亿元，人均涉案金额高达1.0982亿元；其中涉及贪污、受贿的国企企业家30人共计贪污、受贿9.3273亿元，人均贪污、受贿3109万元；涉及挪用公款的国企企业家9人，累计挪用公款12.9387亿元，人均挪用公款1.4376亿元。

其四，期权化。"权力期权化"交易的是一种"权利"，其不直接涉及钱物，因而形式和过程隐蔽，相互兑现往往是间接而不是直接的。如高薪任职、分给股权、优厚待遇等。腐败分子进行权力操作可以用"扶持企业、促进发展"为借口，即使损害国家利益也可以用"改革代价"遮掩，过程隐蔽，其交易方不是在职干部，甚至可能不是其本人，对象和内容都较为隐蔽。"权力期权化"改变了腐败获利的时间和方式，为腐败分子手中的"权力资源"提供了最大限度的变现可能。

其五，潜规则化。在中国文化中有很多消极的因素是滋生腐败的条件，如"潜规则"文化在官场中流行，很多行为规则不公之于世而是如"黑市"交易。另外，还有"圈子"文化，入围的干部争宠，不入围的干部被剔除，这种示范效果迫使大多数干部去遵从新的游戏规则。从追求庇护到跑官买官。并按照这一游戏规则所提供的激励机制来作出自己的行为选择，使正直的干部越来越难以生存。

其六，国际化。有的腐败分子利用资本跨地域、跨行业、跨国境流动的机会，与地区外、行业外、境外的不法分子相勾结，共同犯罪；有的利用国际间法律的差异，国内犯罪，国外洗钱；有的以境外商人为合作对象，在为对方牟利后，在境外"交易"，赃款赃物滞存境外。一些涉案的党政干部特别是关键涉案人员一有风吹草动即随时出逃。"裸体官员"问题浮出水面，暴露出以往外逃贪官贪腐时"留一手"（即任职期间有意将妻儿送出国，独自一人在国内），贪腐行为败露后立即逃往国外的腐败谋略。

其七，新型化。在新兴领域开展反腐败斗争是我们面临的一个重要任务，银行、证券、保险、信托、拍卖等方面的反腐败措施比较少导致新兴领域腐败案件频繁发生。在这些领域中，腐败呈现出金融化、虚拟化的特点。

二、深入推进反腐败斗争的战略对策

（一）扩大党内民主的实现方式，以民主制度建设来推动反腐败的深入

1.在全国县市逐步实行以下制度：（1）党代会年会制。县市党代会由过去的五年召开一次，改为每年召开一次。党代会年会的主要任务是听取和审议县委、县纪委工作报告和县人大党组、县政府党组、县政协党组的书面工作报告；讨论和决定全县政治、经济、文化、社会发展和党的建设方面的重大问题；对县委委员的年度工作进行评议。（2）党代表直选制。党代表由过去的间接选举改为竞争性直选。过去的县级党代表候选人，一般是由党组织提名或推荐，在基层党员代表会议上，按照很少的差额甚至等额选举产生。实行直选以后，党代表改由党员直接提名、个人自荐报名，通过预选按得票多少确定候选人，县级领导干部也必须通过提名参加预选才能成为候选人。候选人的差额必须达到30%以上，由所在选举单位的党员直接投票产生。（3）党代表常任制。党代表的任期与本届党代会的届期相同。在任期内，党代表享有在大会期间的选举权、审议权、重大事项决定权、质询权、提出罢免案权、评议权以及闭会期间的学习培训权、调研视察权、提出意见建议权等权力，充分发挥党代表的作用。（4）评议制。在党代会年会上，党代表要对县委、县纪委领导班子进行

评议，按照满意、基本满意、不满意三个等次无记名投票表决；对“三个党组”的工作报告要进行评议，确认报告是否通过；县委委员向党代表述职，党代表对县委委员进行评议，评议分优秀、称职、基本称职、不称职四个等次，以无记名投票方式进行，评议结果作为考核县委委员工作的重要依据；届中，还须对县委委员进行一次信任投票，信任票分为满意、基本满意、不满意三个等次。评议结果在代表大会上公布，对不满意票超过30%的领导班子，必须写出书面整改报告，针对存在的问题，认真整改并及时向党代表公布。

2.制定完善的、科学的常委会议事规则和制度，保证党内决策的民主化。必须尽快制定标准的常委会议事规则和相关制度。规则包括：界定常委会需要讨论的重大事项的范围与确切内容；书记与副书记、常委之间关系的平等性，以及常委讨论权的保证制度；常委会议事的具体程序等。

3.利用人民民主反腐败。要充分利用人民代表大会制度的监督作用，发挥人民代表的职能，推进反腐败工作。如2006年通过的《监督法》创设了在人大闭会期间由各级人大常委会对“一府两院”的专项工作报告进行审议的制度，这一制度增加了各级人大常委会对“一府两院”实施宪法和法律活动监督的主动性和经常性，保证了各级人大作为国家权力机关在重大问题和重大事项上的决定权。

（二）加强选人用人的制度建设

应当建立以下制度：初始提名权制度，考任分离制度，干部推荐说明书制度等。

1.完善初始提名权制度

要提高领导干部选拔任用的科学性和准确性，必须科学合理地规范干部任用初始提名程序，实现“由少数人选少数人”到“由多数人选人、在多数人中选人”，为此要做到：⑴明确范围，保证初始提名推荐人员的广泛性，科学界定行使初始推荐提名权的人员范围。(2)规范程序，强化初始推荐提名权的制度安排。四个程序：一是组织部门制定发放《干部选拔任用初始推荐提名公告》，公告空缺职位，做到群众知情。二是制定发放《干部选拔任用初始推荐提名表》，实施署名推荐，实行责任追究。三是执行资格双审，严把入口关。对照职位资格条件，对人选进行资格初审。四是综合分析结果，确定考察对象。

2.建立干部推荐说明书制度

贯彻《党政领导干部选拔任用工作条例》的要求，逐步实行干部推荐说明书制度。个人向党组织推荐领导干部人选，必须负责地写出推荐材料，填写干部推荐说明书并署名，经组织(人事)部门审核后，按照规定程序进行民主推荐，得不到所在单位多数群众拥护的，不得列为考察对象。

3.实施“考任分离”制度

“考任分离”制度就是将干部的任用从时间和空间上分割开来。考察时不任用，任用时不需要再考察。这一制度的好处：一是可以降低用人上的风险，对在公开选拔中一时难以把握的人选，可以先“放一放”，通过工作实践作进一步的了解和考察。二是可以充分利用公开选拔的成果。对在公开选拔中成绩突出、综合素质较高但因职位所限未任用的优秀人员，可先纳入领导干部人才库，在适当的时候再予以任用，这既充分利用了公开选拔成果，又节约了人才开发成本。三是留出了对干部进行全面考察的时间。可以有足够的时间通过挂职锻炼等多种方法对拟用人选进行全面的定量和定性考察。

4.推广离岗考察制度

所谓离岗考察制度，就是指主要领导干部获得提拔需要离岗时，在公示提拔信息以后，适度延长公示时间，令其脱离原工作岗位，暂不进行新的任命或暂不就任新职，而是安排其到党校进行为期至少三个月的培训，在此期间可以排除干扰，使“一把手”得到最充分的监督。这有利于建立健全科学的干部选拔任用和管理监督机制，进一步扩大干部选拔任用工作中的民主，完善选拔任用决策机制，防止考察失真、“带病提拔”等问题。有一些干部“带病”的问题会在离岗考察期间显露出来。

（三）进一步强化反腐倡廉教育

1.围绕社会主义核心价值体系的构建，大力推进廉政文化建设

从理论上看，廉政教育不是孤立的，而是整个社会大系统的一个组成部分。同时，廉政教育直接面对的是思想观念层面上的存在，因此，不能把廉政教育狭隘化，而是要把廉政教育与社会主义先进文化有机结合起来，大力推进廉政文化建设。社会文化的内核在于价值观念，许多腐败现象的发生、腐败分子的堕落，都与价值观念的崩塌息息相关。从一定意义上看，腐败与反腐败既是一场政治斗争，也是其背后起支撑作用的文化价值观的“价值博弈”。因此，廉政教育必须紧紧围绕社会主义核心价值体系的构建，密切结合社会主义荣辱观的教育，因势利导，大力弘扬以腐败为耻、以廉洁为荣的先进价值观念。

2.善于从大贪案件中总结出小蠹演化为大贪的内在规律性，不断进行倡廉教育

大贪往往是从小蠹演化而来的，没有天生的大贪。从近几年查处的一些案件看，腐败分子一般都是从贪小开始的，得手后胆子越来越大，手段越来越多，从小到大，从隐蔽到公开，直至无法自拔。有的官员日常生活中对于“吃一点、拿一点、要一点、卡一点”不以为然，认为是小事一桩，无碍大节；一些官员对于“小腐”习以为常，逢年过节收“禧礼”、子女嫁娶收“红礼”、生日寿辰收“寿礼”、丧葬之际收“白礼”，以为是人情世故算不得什么。

3.在市场经济条件下要大力弘扬巴黎公社原则所体现的奉献精神

恩格斯在1891年为马克思的

《法兰西内战》单行本所写的《导言》里写道："以往国家的特征是什么呢？社会为了维护共同的利益，最初通过简单的分工建立了一些特殊的机关。但是，随着时间的推移，这些机关——为首的是国家政权——为了追求自己的特殊利益，从社会的公仆变成了社会的主人。这样的例子不但在世袭君主国内可以看到，而且在民主共和国内也同样可以看到。"因此，作为无产阶级夺取政权的初次尝试，巴黎公社"为了防止国家和国家机关由社会公仆变为社会主人——这种现象在至今所有的国家中都是不可避免的——采取了两个可靠的办法。第一，它把行政、司法和国民教育方面的一切职位由普选选出的人担任，而且规定选举者可以随时撤换被选举者。第二，它对所有公务员，不论职位高低，都只付给跟其他工人同样的工资。公社所曾付过的最高薪金是6000法郎。这样，即使公社没有另外给代表机构的代表签发限权委托书，也能可靠地防止人们去追求升官发财了"。恩格斯的上述论述，清楚地给我们讲述了社会公仆这一概念产生、演变和在新的历史条件下得以实现的过程。

(四)坚定不移地推进领导干部个人财产申报等制度建设

1.逐步完成领导干部从个人收入申报制度向家庭财产申报制度的过渡

财产申报制度，即有关财产申报、登记和公布的制度，被称为"阳光法"。它使公职人员的财产受到了严格监督。任何个人财产的不良变动都会受到查处。对于建立财产登记申报制度，许多国家的做法是：首先，制定财产申报方面的法律；其次，建立接受和审查申报书的机构；最后，定期审查和公布财产公布书。我们国家要尽快制定并实施财产申报制度：(1)制度内容。领导干部要报告本人、配偶及由其抚养的子女的家庭财产，包括大额现金、存款、有价证券、房产、汽车、债权债务等主要家庭财产。(2)中央巡视组采取例行的抽查制度，譬如每年抽查1%—5%的领导干部的个人财产。对于抽查中发现的不如实申报的干部，就一查到底决不姑息，这种不确定性的威慑力比简单的惩罚措施更大。(3)对于竞争上岗的领导干部，必须在一定范围、一定层面上对其财产予以公开公布，对那些没有公开、公布的财产，一经查明予以没收充公，并取消三年提名资格。

2.建立健全领导干部亲属出国同学、定居申报制度

据有关统计资料，全国近年查办的不少腐败官员都将子女送到国外深造。对此，应进一步完善并在全国推广领导干部亲属子女出国留学、定居申报备案制度。

(五)完善干部监督制度

1.建立和完善经济责任审计制度。该制度规定领导干部在任期届中、届末和晋升、调任、转任、退休、辞职时要进行任期经济责任审计；审计结果应作为领导干部选拔、调整的重要参考依据并归入个人档案；被审计者如存在经济责任问题，应及时查处。

2.建立和健全责任追究制度，即问责制。该制度要强化党委(党组)书记的监督责任，明确各级党委(党组)书记对本地区本部门的权力运行负监督总责，重点监督领导班子成员和下级党委"一把手"，同时实行重大违纪违法案件问责制，凡党委(党组)书记未履行监督责任的，追究其监督责任。

3.建立和完善干部选拔任用工作责任制。该制度要建立推荐、考察、任用责任制，明确推荐、考察、任用等关键环节的责任主体、责任要求、违规行为和责任后果。针对干部选拔任用过程中的各责任主体，就干部选拔任用过程中的推荐、考察、决定三个环节的规定加以细化，制定具体的工作规范、操作办法和监督措施，建立一套系统、规范的选拔任用工作责任体系。

4.建立和健全谈心谈话制度。该制度要求落实任前廉政谈话，上级党组织对新上任的领导干部

要进行廉政谈话，要求其提高廉洁自律的自觉性，既要干净干事，又要主动抓好管辖范围内的廉政建设。要求落实定期谈话，上级党组织每年至少要找下级领导干部谈话一次，特别是当领导干部职务发生变动和退休时、个人遇有重大事项时、班子内部出现不团结苗头时、群众有较多反映时应及时进行谈话。

5.建立和完善年度考核制度。该制度要求每年结合班子考察党风廉政建设情况，对领导干部落实情况进行一次考核。考核时，领导干部要在干部群众大会上进行一次述职述廉报告，并在一定范围内组织民主测评，考核和民主测评结果应向本人反馈，述职述廉报告要交上级党组织备案。民主测评中，“不称职”票超过一定比例的，视情况作出组织调整或免职、责令辞职、降职的处理。将述职述廉、评议结果、整改措施等作为考核、评价领导的重要依据存入档案。

6.建立和健全廉政监督员制度。各单位要聘请廉政监督员，对廉政监督员的建议和意见，要认真办理，及时向本人反馈。

7.建立和完善班子成员相互监督制度。班子成员对其他成员违纪违法情况故意隐瞒、不汇报的，一把手明知班子成员有违纪违法情况而不提醒、不批评、不汇报的，要追究其责任。

8.建立和健全巡视制度。上级部门要通过巡视，定期或不定期地对落实一把手监督及干部八小时外管理的情况实施检查监督。

（作者为中国社会科学院特约研究员）

廉洁不能靠宣言* /曹吉祥

据人民网报道，因涉嫌违纪问题，现任河南省交通厅厅长的董永安被纪检部门"双规"。

耐人寻味的是，在此之前，河南省交通厅连续三任厅长因违法犯罪而被查处。1997年10月，原厅长曾锦城，因受贿被判刑15年。2001年3月，曾锦城的继任者张昆桐因受贿、挪用公款罪被判处无期徒刑。2001年12月中旬，时任河南省交通厅厅长的石发亮，同样涉嫌违纪违法被省纪委"双规"。据悉这相继落马的三任交通厅长均有各自的"廉政名言"。第一任落马厅长曾锦城在任时就曾以写血书的方式向河南省委表白："我以一个党员的名义向组织保证，我决不收人家的一分钱，决不做对不起组织的一件事……"曾锦城案发后，第二任落马厅长张昆桐一上任便向省委领导表示一定要吸取前任厅长的沉痛教训，并提出口号："让廉政在全省高速公路上延伸"。张昆桐被捕后，第三任落马厅长石发亮在刚上任时也表示要吸取张的教训，提出的口号是"一个'廉'字值千金"，并将其细化成"两个原则"："不义之财分文不取，人情工程一件不干"。

重要岗位领导的"前腐后继"，不但说明一些地方对权力制约和监督的严重失控，也说明反

* 选自《中国石化》2011年第3期。

腐败工作的紧迫性和任重道远。长期以来，个别领导在大会上冠冕堂皇地做清正廉洁报告，进行廉洁承诺，发表廉洁宣言，对别人进行廉洁教育，而在背地里却大肆索贿、受贿、以权谋私，真可谓说一套做一套，从表面上看高尚纯粹，人模人样，暗地里却贪得无厌。而有关部门正是被这些花言巧语所迷惑，放松了监督和对权力的制约，最终导致贪官陷入泥潭不能自拔，一步步走向犯罪的深渊，对党的声誉造成极大损害。

廉洁不能靠宣言，说得好更要做得好，不义之财不可取，手莫伸，伸手必被捉。希望身处重要岗位的领导干部吸取贪官身败名裂的教训，脑中防腐的警钟长鸣，时时刻刻自省自律，把职工群众赋予的权力用在全心全意为人民服务上，做一名清清白白受人爱戴和称赞的公仆。

网络反腐贵在迅速* /戎飞腾

人民网指出，在现阶段，网络反腐将成为各级各地政府尤其是纪检监察部门加强反腐工作的重要推动力。

在这样的形势下，学习如何迅速应对网络反腐舆情，成为政府部门的重要功课。从"房叔"到"房婶"两起事件中，广州市纪委以其迅速的舆情应对及处理能力屡获好评，被网民视为政府应对网络反腐热点事件的"范本"。

快速应对——快速化解危机

从"房叔"到"房婶"，两起事件中都可以看到广州市纪委积极回应热点舆情的身影。

在"房叔"事件中，从"网曝"到广州市纪委称"房叔"已被"双规"，只经过了短短半个月，网民对此津津乐道。

而在"房婶"事件中，广州市纪委微博"@廉洁广州"的反应速度进一步让网民"惊叹"——在网曝不足3个小时后广州市纪委官方微博@廉洁广州就回应了该事件："相关单位正在了解核实"。

次日中午，"@廉洁广州"再次主动发出"微回应"，证实了李芸卿家庭24套房产情况基本属实，但点明了李芸卿"非官员、非党员"的身份，并简单介绍了其家庭情况。这条详尽而及时的官方微博，及时回应了网友关心的敏

* 选自《南方日报》2012年11月25日。

感点，成功化解了一次公权力的信任危机。至此，距离第一条爆料微博发出，还不满24小时，有网友甚至惊呼这样的速度“在以前从来未敢想象”。

危机公关最好办法——不隐瞒

微博易于传谣，但也利于辟谣。回首近一年来，每一起网络反腐事件的初始都伴随着质疑消息真实性的声音。但是随着事件的进展，诸多“爆料”得到官方正面回应，这在最大限度上增强了网民对于网络问政的信心。另一方面，近来发生多起市民因为微博造谣而被拘留的事件，给造谣者敲响了警钟，这在一定程度上肃清了微博的言论环境。

微博反腐得到网民越来越多的认可与支持，在“表哥”与“房叔”相继落马之后更是达到一个高峰。在这样的态势下，“房婶”的出现并非偶然，而是网民对于公权力监督热情高涨的必然结果。

人民网发表评论认为：“网络反腐的壮大也意味着制度反腐民意基础的壮大。它虽然无法从根本上解决问题和改变结果，但至少在目前阶段，将成为各级各地政府尤其是纪检监察部门加强反腐工作的重要推动力，事实也正在证实这一点。”

在以往众多要求官员财产公开或者投诉举报官员有不明来源财产的事件中，政府部门总是习惯以“调查核实需要时间”为由拖延，直接导致了政府公信力的下降。从“房叔”到“房婶”，广州市纪委的反应速度一次比一次快，这无异于给了那些“推搪式”的政府回应一个响亮耳光。

自媒体时代，针对危机公关的处理，最好的办法不是隐瞒和欺骗，隐瞒和欺骗只会促使事态的发展进一步恶化，以致失控；坦诚及时地公开事情的真相才是应对危机事件的最明智选择，即使不愿公开，网友都会“帮助”你公开，当事人要打消侥幸心理。

公仆本色——汪洋湖* /陈泰祥 赵力群

2001年7月1日，在庆祝中国共产党成立80周年的庄严时刻，在万众瞩目的北京人民大会堂，汪洋湖从中央领导手中接过了沉甸甸的获奖证书。此刻，他站在了荣誉的顶峰。在他身后，留下的是一串闪光的足迹：他参加工作40余年，工作变动16次，两地生活30年，始终把党和人民的利益放在第一位，信念坚定，党性坚强，是优秀的领导干部；面对腐蚀与反腐蚀的严峻考验，他甘于清贫，淡泊名利，是廉洁从政的典范；不论在什么工作岗位上，他都恪尽职守，忘我工作，是勤奋敬业的楷模；在改革的攻坚阶段和发展的关键时期，他勇于拼搏，知难而进，是开拓进取的榜样；不管职务怎样变化，他都心系群众，无私奉献，是实践党的宗旨的杰出代表。他最突出的特点是廉政勤政，最可贵的是几十年如一日，最难得的是所到之处有口皆碑。

克己奉公，廉洁从政

说一个厅长没有钱，很多人不相信，汪洋湖确实如此。1994年，他从吉林往长春搬家时，去的是一台半截子车，拉回来的是半车家当：一个书柜，两个木箱，两口水缸。就是现在到他家里去，你也会感慨他家的简朴与清贫。

翻开汪洋湖的履历，他29岁

* 节选自《正气》2002年第1期。

就任县级领导，先后担任过永吉县委副书记，磐石、舒兰两个县的县委书记，吉林市委常委、秘书长，浑江市委副书记，省水利厅副厅长、厅长。按照世俗的眼光，他有很多“发财”的机会，但他始终把手中的权力看做是为人民谋利益的工具，从不用来为个人谋取任何私利。1998年大水过后，国家加大了对水利建设的投入，两年间，吉林省水利建设的投资超过40亿元，相当于前40多年的总和。这时的汪洋湖可以说手中既有权，又有钱，来找他的人也很多，其中不乏一些老同志、老朋友，如果稍一放松，百八十万的“好处”唾手可得。但他头脑清醒，丝毫没有非分之想，而是按照公开、公平、公正的原则，规范地实行了全省水利建设工程项目招投标制，并且请纪检监察部门参与其中，实行全过程监督。他与班子成员约法三章：不取非分之钱，不上人情工程，不搞“暗箱操作”。他本人带头践诺，从未指定过一家承包商，从未写过一次条子，也从未暗示过任何人。2000年2月，他过去的一个老上级来要工程，原以为凭着过去的感情，冲着老面子，怎么也不至于白跑一趟。没想到汪洋湖却说，你想要工程就去投标，中上标，活儿自然是你的；中不上标，我也没办法。

为了杜绝送礼风，汪洋湖每年春节前都强调，不要到领导家拜年，有时间就去看看困难职工和离退休老干部。1999年春节，一位老处长带着老伴儿一起去给汪洋湖拜年，汪洋湖没让他进屋，通过电子门对讲机说：“辛苦一年了，大家都很累，回去好好休息休息吧，我也歇一歇，以后有时间我去看你。”这位老处长虽然觉得在老伴儿面前很没面子，但又打心眼里佩服汪厅长。时间一长，大家真正了解了他的为人，也就不到他家去了。一位中央领导曾讲过，一个领导干部，门可罗雀，不见得小好；门庭若市，不见得是好事。汪洋湖就深以门庭冷落为荣，去年春节后一上班，他就高兴地在大会上讲：“令年过了个消停年。”

汪洋湖视奢侈为祸、简朴为宝，一向艰苦朴素、克己奉公。他在两地生活期间，不论调到什么地方，都一直坚持住在办公室，不住招待所和宾馆；吃的是职工食堂，不吃小灶。到水利厅工作后，开始四年仍然住在办公室，床下常备一箱方便面，有时工作忙，来不及吃饭，就泡一包对付了事。1993年10月，汪洋湖带厅里几名处级干部去俄罗斯考察。为了节省费用，临行时，带了两箱方便面。到列宁格勒，没住宾馆，而是住在水利中专学校。回来买飞机票时，接待的人说代理机票每张要900多美元，他嫌贵，自己到机场买，每张才花了300多美元。由于一路省吃俭用，带去的1.8万美元剩了一半，回来后全部上交了。

汪洋湖记得"修身齐家治国平天下"的古训，对封建社会那种"封妻荫子""一人得道，鸡犬升天"的腐败之道非常憎恶。因此，他不仅严于律己，而且对家人要求也很严。他要求老伴不参政，不收礼，不特殊。

汪洋湖一直教育孩子要自强自立，凡事要靠自己，不要把父母当成拐棍儿。他也没有利用职权给孩子们办过事。

汪洋湖这样严格要求自己、要求家属，近于苛刻，有些人很不理解，也有人劝他："你也别太认真了，一个人改变不了什么。"但他说："我们入党时不都有所追求吗？说了总得实践，总得从自身做起，从现在做起。在我的职责范围内，对的就坚决支持，不对的就坚决管住。让别人做到的，我首先做到。"

勤奋敬业，忘我工作

汪洋湖很佩服他的父亲，说他父亲一生就是吃饭、睡觉、干活三件事，永不知疲倦地劳作。汪洋湖到水利厅工作后，平时总是每天7点半以前第一个走进办公室，晚上6点多钟最后一个离开办公室。他有个习惯，每天不处理完桌面上的工作不回家，有时很晚了，他办公室的灯还亮着。这么多年，他双休日几乎没休过，长年超负荷地工作。汪洋湖患有高血压，平时高压

160，犯病时最高达到230。他随身备有一个血压计，感觉不舒服时就量一下。有好几次，身边的同志见他脸涨得通红，都劝他休息，他吃点药又继续工作。还有一次，他患重感冒，一上班就研究工作，时近中午，《吉林日报》一名记者拿篇稿件请他把关，修改稿件时，他的手一直在颤抖，字都变形了。改完稿件，又急着去参加下午的会议，连中午饭都没顾上吃。周围同志看到汪洋湖总是这么辛苦，就劝他给自己留点儿时间，他却说："干都干不过来，留啥时间。"

在汪洋湖眼里，工作永远是第一位的。他总是把党和人民的需要作为自己的惟一选择。

汪洋湖说过："这么多年，我最对不起的就是我的家人，他们支持我，也为我付出了很多。"他们夫妻两地生活30年，他从来没有休过探亲假，只是借开会或办事的机会顺路回家探望一下。三个女儿出生时，他都因工作忙而未能陪在妻子身边。他见大孩子头一面，是在孩子百日时。这么多年，他没参加一次孩子的家长会。他父亲身体多病，后来瘫痪在床，弥留之际，一直呼唤着他的名字，当时，他正在乡下检查工作。

汪洋湖对工作极端负责，严、细、实是出了名的。他自己有个"账本"，每天布置的工作，10万元以上的资金安排等，都记上"流水账"，到时候就掐着小本儿去督查，不落实不行，不出活不行，干不好也不行。所以，对汪洋湖安排部署的工作，谁也不敢马虎。1998年，上报农田水利建设土方量时，有的同志看其他省上报的数字很高，就提出了一个数字，他觉得有水分，立即让他们重新核对，最后，是按实际数字上报的。汪洋湖说："你说错话可以理解，要是说假话我可不容你。"

有人曾开玩笑地说，汪洋湖的名字里有九点水，命里注定要跟水打交道，他当水利厅长正合适。也许是机缘巧合，他任厅长后的第一个汛期，就赶上了一场超历史纪录的特大洪水。

1998年8月11日晚8时，吉林省

委召开紧急常委扩大会议，研究如何抵御嫩江第三次洪峰，需要水利厅提供决策依据，关键是第三次洪峰的流量到底有多大。当时位于嫩江上游黑龙江境内的江桥水文站已经被冲毁了，人们对这次洪峰流量的估计有几个数字：1.9万立方米／秒、1.7万立方米／秒和1.2万立方米／秒。如果估计高了就会劳民伤财，估计低了就有可能遭受灭顶之灾，责任重大，而时间又很紧迫。当时，有人认为，流量怎么也到不了1.2万立方米／秒。对此，汪洋湖组织有关人员经过仔细测算和分析论证，综合其他水利专家的意见，最后提出的数据是1.75万立方米／秒。吉林省委据此果断决策，并要求在48小时内准备330万条麻袋，把210公里防洪堤平均加高1米，建设子堤。当洪峰到来时，在上游决口跑滩的情况下，实测流量是1.61万立方米／秒，洪水水位比原来大堤堤顶平均高出4厘米，如果不是及时抢建子堤，后果不堪设想。汪洋湖在回忆这段经历时说："当时确有如履薄冰的感觉，紧张得汗都出来了，倒不是吓的，而是觉得责任重大。我汪洋湖进去不要紧，稍有闪失，出了问题，愧对乡亲父老，那我一辈子都不能安宁。"

牢记宗旨，心系群众

汪洋湖是在艰苦的环境中成长起来的，因而他对群众的疾苦有着更深切的感受和理解。1985年8月，汪洋湖赴任舒兰县委书记时，正赶上发大水，他心急如焚，

汪洋湖在基层调研

直接从吉林市赶到抗洪第一线亮甲山水库，与干部群众一起奋战了四天后才到县委报到。他在舒兰工作期间，走遍了全县23个乡镇的大多数村屯，为了帮助最贫困的凤凰乡摘掉落后的帽子，他亲自去那里蹲点，跟农民一起干活，从春耕到秋收，一蹲就是几个月，终于使这个乡发生了很大变化。

汪洋湖常说，我是农民的儿子，到什么时候都不能忘本。领导干部要与群众同甘共苦，殚精竭虑地为群众办实事。1997年，省里组织有关厅局进行为期三年的对口扶贫。水利厅包的土城子乡渔楼村，是永吉县最贫困的村，汪洋湖把扶贫当成一件大事，亲自布置安排。他先派厅里的两位副厅长去调查了解情况，之后又带领专家去考察，与当地的干部群众一起商量制定了具体的扶贫计划。渔楼村原来饮用地表水，由于水质不好，很多人生下来就是弱智。汪洋湖第一次去时，看到这种情况很痛心，就决定给这个村打深井，上自来水项目。经过三年的扶贫、投资59万元，完成旱改水田27公顷，改造高压线路33公里、低压线路7公里，配备变压器3台，修了3条村路，建了4座桥，打了5眼井。如今的渔楼村基本摘掉了贫困帽子。

其实，汪洋湖个人并不愿意出名。在吉林省委、省政府作出向汪洋湖学习的决定前，他再三表示不同意当这个典型，他说自己是个平平常常的人，做的也是应该做的事。当省委组织部的一位领导送他八个字"顾全大局，服从组织"后，他才不说什么了。可为了当年6月30日的那场事迹报告会，他又找了省领导，坚决不同意自己登台讲自己。最后，在报告会上，请了水利厅党组的一位同志代讲了他的事迹。有人说，汪洋湖抓不住机会，不善于宣传自己。汪洋湖对此看得很淡，他说："我是个党员，只要党了解我就够了。"

宋鱼水：公平正义的守护者* /晓月

伸张正义、主持公道，是北京市海淀区人民法院知识产权庭庭长宋鱼水始终的追求。在宋鱼水的身上，闪耀着这样一些光环："人民满意的好法官"、"十大杰出青年法官"、全国"十行百佳"、全国"三八红旗手"……她还荣立一等功2次、二等功2次。

这些年来，宋鱼水办过无数个案子，可她最难忘的还是第一起案件：原告是个民工，为一家餐馆送菜。起早贪黑送了一年，临近年关不仅拿不到钱，反被餐馆的人赶了出去。那是个寒冬的早晨，20来岁的小伙子穿得非常单薄，衣服破旧看不出本色，屋里有暖气，可他还是微微发抖。宋鱼水说："年轻人那个样子，我的心里很不是滋味儿。"可同情不能代替法律；宋鱼水告诫自己，不能掺入任何个人情绪。经过调查，原来这家饭馆因为经营不善，已转手多次，原来的经营者早就没了踪影……

缜密细致的调查和公正的判决使案件顺利解决。面对宋鱼水，小伙子捧着薄薄一叠钞票痛哭流涕，原来他病重在床的妻子和上学的孩子都在等着这点钱用。

宋鱼水这个名字让人觉得和她的法官职业很贴切，当有记者问到是不是做法官以后才改的名字时，宋鱼水笑着说，许多人都问过她这个问题，其实她一直叫这个

* 选自《当代广西》2005年第1期。

名字，宋鱼水说自己的名字正是她做法官的目标和追求，法官和人民就是一种鱼水之情。自己的名字也激励着自己永远做一个正直、公正的好法官。

宋鱼水出生在山东蓬莱一个偏僻的乡村农家。从小她就从生产队分柴、分粮中深切地感受到公平、合理对老百姓的重要性。她认为，尽管每个人的文化层次、生活背景不一样，但是人们追求平等和正义的要求是一样的。伸张正义、主持公道是法官的天职，也是法官职业的神圣所在。

公平、公正地审理好每一个案件，成为宋鱼水不懈的追求。

外地某城市在京招商，政策很优惠。本市一位大学教师与几位同事集资62万元，借给了该市政府驻京办事处。可事隔多年，几位投资者非但没赚到一分钱，连集资款也要不回了。几位投资者将某市政府送上了被告席：海淀区法院受理了这起案件后，被告却提出了管辖异议，因为他们担心海淀区法院存在地方保护主义。

宋鱼水担任了这起案件的审判长。她认真与双方当事人交换意见，并特别向被告的法律顾问分析了海淀区法院对本案拥有管辖权的法律依据。被告的法律顾问听完分析后，消除了疑虑，并提出愿意与原告协商解决纠纷。在宋鱼水的积极协调下，被告的法律顾问当天从北京返回本地，制定了还款计划。次日，他又返回北京，与原告达成了调解协议。

宋鱼水公正的立场，使被告彻底打消了抵触情绪。他们不仅承诺本金与约定利息一次性偿还，而且还表示希望原告继续支持他们发展经济。结案后，双方当事人都感到非常满意。

她对自己约法三章：不轻视小额案件，因为它事关百姓生活；公平地对待每个当事人；不论什么样的当事人，都宽容以待。

作为基层法院的法官，宋鱼水经常承办的还有一些标的不大、但当事人又急迫解决的案件，如往工地上运送砂石砖瓦，工头拖欠运费；给餐馆供送鸡鱼肉菜，合同有疏漏或老板赖账等等。每当遇到这类案件，宋鱼水都快速办理，并尽量使纠纷彻底了结，让这些做"小本生意"的当事人尽快拿到钱。

宋鱼水坦言："小时候的经历使我在潜意识里同情弱者。我觉得我更能体会他们的感受，理解他们的要求。"有人问宋鱼水，这样做是否符合法律精神？宋鱼水回答说："法律是公正和善良的艺术，法官不能没有理解之心、宽容之心和爱人之心。"

当一名品格高尚、公平正直的法官，一直是宋鱼水的人生追求，她认为，法官也是人，不可能没有私欲，但高尚和卑微的区别就在于高尚的人能为整体利益抑制私念，作出正确的选择。宋鱼水的大学母校在海淀区法院管辖之内，老同学有的当了律师，有的下海经商。多年来，宋鱼水审过的案件中，当事人有她的老师，也有她的同学。托人情、买关系的事她曾多次遇到。但宋鱼水认为，一名法官如果在人情关、关系关上失守，也

宋鱼水

许会得到一些看得到的东西，但失去的却是作为一个法官最神圣的公正和尊严。

每当遇到托人情、买关系的事儿，宋鱼水只有一句话："作为律师和当事人，我希望你们在法庭上发挥出最高的水平，能够说服我，使我的判决对你方有利。想通过别的途径达到这一点，那是不可能的。"

正是因为坚持了这一信条，宋鱼水的有些同学、朋友在宋鱼水担任审判长的案子里输掉了官司。有人问宋鱼水："输了官司的同学、朋友怨恨你吗？"宋鱼水毫不掩饰地说："肯定会。但我相信，我

是按照法律原则判案，大多数人会理解我、信任我的。”也有人问宋鱼水有没有难以推却的人情干扰，她干脆地回答：“只要心里不贪，就没有什么推不了的人情。”一位担任律师的同学谈起宋鱼水时这样评价：“千万别指望她。她太老实了。”而多数人则称赞宋鱼水是个难得的好法官。

宋鱼水以自己的品行和工作诠释了法律的公正，赢得了一个个当事人的信任。这种信任，是对一个法官的最高奖励；这种信任，让我们看到了依法治国的光明未来！

刘金国：敬畏人民的铁血战将* /高洁

中央电视台"感动中国"2011年度人物评选活动颁奖之际，获奖者中首次出现一位在职高级领导干部的名字，他就是公安部副部长、纪委书记、督察长刘金国。

"感动中国"评选活动组委会给刘金国的颁奖辞是：贼有未曾经我缚，事无不可对人言。是盾，就矗立在危险前沿，寸步不退。是剑，就向邪恶扬眉出鞘，绝不姑息。烈火锻造的铁血将帅，两袖清风的忠诚卫士。

忠于职守　全心为民

刘金国从一名普通农村干部成长为共和国高级警官，尽管地位、身份和工作环境在变，但他对警察事业的执着追求没有变。

"我越来越有一种紧迫感，希望在有生之年，多为党和人民干点实事，多解决老百姓的疾苦，让社会多一些公平公正。"刘金国说。秉承这个信念，刘金国争分夺秒，毫不惜力。在指挥"清网行动"、"亮剑"行动，打击假币、假发票犯罪专项行动、"清剿火患"战役中，他怀着强烈的忧国忧民之心，把每场战役组织得酣畅淋漓，忠实履行着以人民期盼为念、为人民利益而战的铿锵誓言。

冰雪灾害　强力疏导

2008年初，我国南方17个省

* 节选自《决策与信息》2012年第7期。

份出现50年不遇的强雨雪冰冻灾害，将无数的人滞留在春节回家的路上。车站、机场、码头，到处是密集拥挤的人群。

在广州火车站，更是出现了前所未有的严峻形势：平时容纳几万人的广场聚集了几十万群众，这些人情绪恐慌、体力透支……

根据铁道部统计，当时，广州共有81万持票群众等待疏散，加上20万到30万欲乘车却无票的群众，共约100万人。党中央、国务院十分关注这次灾情，中央领导同志连续作作出重要指示。2月1日，正在京珠高速指挥疏导交通的刘金国奉命紧急赶赴广州。

之后的五天里，刘金国几乎就“钉”在了火车站广场！召开协调会，到广交会分流地点检查指导旅客安置情况，现场疏导。

5日晚6时，在各方的共同努力下，滞留旅客全部输送完毕。其间，没有发生一起拥挤踩踏导致的群死群伤事件。“刘副部长的最大功绩：一是协调整合了各方面救援力量；二是制定部署了科学的救援方案；三是靠他坚毅果敢的战斗作风，带动和推动了各项工作的落实。”时任广州市委常委、公安局局长吴沙如是说。而很少人知道，刘金国在这几天里一直发着高烧，没睡过一个安稳觉。

汶川地震　不辱使命

2008年“5·12”汶川特大地震发生后，刘金国根据中央的部署，连夜给民航总局领导打电话，协调了56架包机。分三次从全国范围调集消防、特警、边防等力量驰援灾区。从12日至15日，28个省（市、区）的13434名公安消防特勤队员、660名边防医护人员、3550名公安特警分乘85架包机和264台车辆快速到达灾区，全部投入到抗震救灾的战斗中。

此次作战行动调集兵力装备之多、涉及范围之广、集结速度之快，在我国公安队伍参加灾害救援史上尚属首次，为最大限度地抢救生命赢得了极其宝贵的时间。刘金国作为公安部前线总指挥，区分不同时段和重点，组织发起三

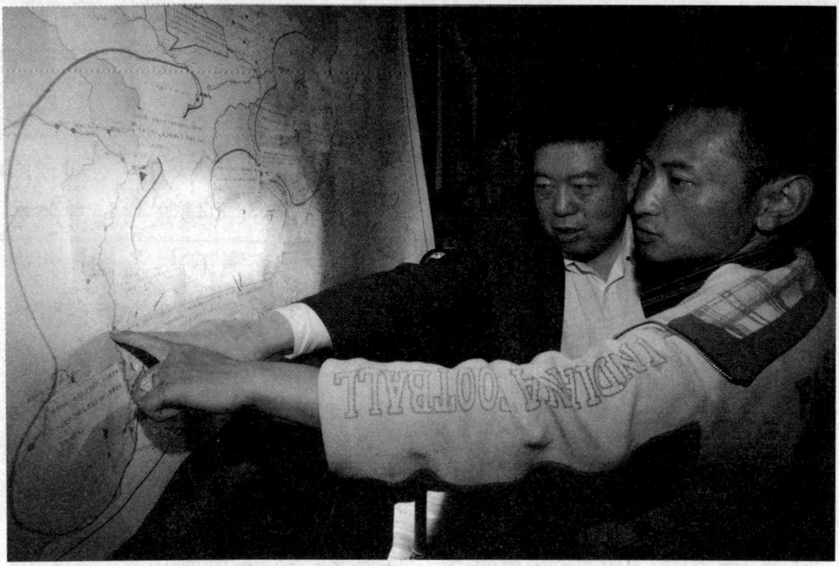

汶川地震后在现场指挥的刘金国（后）

大战役和行动。

——地震发生初期，以人员密集的学校、医院、居民楼、商场等建筑坍塌场所为重点，迅速搜救被埋压学生和群众。14日16时前，在建筑废墟中抢救出生还者940人，解救被困群众28960人。

——入乡进利、扫除盲点，扩大搜救范围，争分夺秒解救被困群众。至20日，消防、特警和边防混合编成的三个救援大队，挺进到汶川受灾最严重的32个乡镇、126个村寨，解救转移被困群众52382人。不少陷于绝望境地的群众，面对头戴警徽的救命恩人，跪地哭谢。

——地震发生70小时后，公安救援力量在建筑废墟中抢救出被埋群众2418人，生还340人，创造了一个又一个抢救生命的奇迹……以占全部救援力量8%的警力，救出了26%的生还者，从废墟中搜救出被埋压人员8335人！汶川抗震救灾，注定会成为刘金国公安工作和革命生涯中底色最浓重的一段岁月。

大连火灾　身先士卒

2010年7月16日18时12分，大连新港码头油库起火爆炸。这是新中国历史上危险性最大的一次石油化工火灾。

起火点是储量10万吨的103号罐，大量原油外溢，火光冲天，旁边37号、42号、102号三个储油罐被大火包围，几十处管道井、泵房正在猛烈燃烧，喷出几十米高的火柱，爆炸连连……

大连新港，中国储油量最大的深水油港，一旦发生连锁爆炸，600万大连人民的生命安全受到严重威胁。火情牵动中南海，党中央、国务院迅速作出部署。公安部紧急启动应急救援机制。晚上10点多，刘金国接到指示——迅速赶赴大连，指挥灭火。他紧急协调航班，两个小时后，带领消防专家飞抵大连，直奔火灾现场。

石油化工火灾扑救是世界难题。1989年8月的青岛黄岛油库火灾扑救，13名消防官兵、6名油库职工牺牲。但跟这次相比，根本不是一个量级——黄岛火灾有4个油罐爆炸，每个储油量不到1万吨，而大连新港，单是10万吨储量的大罐就有几十个……

面对这样的“火海”，刘金国表现出了惊人的镇定与超常的智慧。命令一道道下达：全国调集泡沫、手动关闭阀门、千方百计阻挡流淌火、死保大罐……

其间，过火面积达6万多平方米，装备、物资和战士们的体力也近极限。6次大的爆炸让人接连踉跄。大连市副市长、公安局局长王立科三次劝刘金国后撤。第三次，刘金国急了：我来了，就没想过活着回去！作为公安部派往现场的最高指挥官，刘金国承担了巨大的思想压力和极大的责任。生死抉择面前，他选择了与官兵在一起。

体力透支的消防战士都郁平生第一次与刘副部长见面，看到的是衬衣上满是油点、脸上沾满油污的刘金国，他心里一酸，已经抽筋的手再次端起了水枪。

年近花甲的刘金国，在火线最前沿站着指挥了整整8个小时。

“我站在那里，起码在心理上，是一道最好的防火墙。”刘金国说。

17日上午10时，肆虐的大火终于被扑灭了！这起爆炸火灾规模之大、危险程度之高、调动力量之多、灭火战斗之烈、处置用时之短都史无前例，且现场官兵无一伤亡，创下了世界消防史上的奇迹。

大火扑灭后，刘金国立即返回北京。他百感交集、激情难抑，一夜未眠，挥笔给国务委员、公安部部长孟建柱写了一封信，信中写道：

“7月16日的油库大火现场惊心动魄，令我终身难忘，消防官兵和库区消防人员冒着随时爆炸的危险，一直向安全区推进了100多米，每推进一米都要付出很大的代价。公安消防官兵经受了生死考验，他们是最可爱的人！”

一身正气　两袖清风

为官30多年来，刘金国的地位、权力越来越大，但对自己要求却越来越严。他的廉洁有口皆碑。他亲手审批过近20万个“农转非”指标，可自己的38个亲属，现如今还是地地道道的农民，爱人一直是临时工。所有亲属，没有在私事上沾过刘金国的光。有人开玩笑说，刘家白白出这么大的一个官。

而他却说：我是公家的人，跟亲人有关的事都叫做私。

他经常深入基层调研，但从不提前打招呼，吃饭除了在机关食堂就是路边小店；他不接受各种宴请，不接受任何礼品，哪怕是一瓶酒、一盒茶叶。

有人劝他：人情社会，廉洁把握点儿度就行了。他说：“你说什么是度？收一瓶酒可以还是两瓶酒可以？只能是完全堵住，不留一点口子、一点缝隙。”

刘金国知道满足、懂得感恩。他说，我是幸福的，应该给的党和人民都给了，没有任何理由再用手中权力去谋取个人私利，永远不能做对不起百姓的事情。他的廉洁近乎苛刻。有人说他是装的，他听后淡然一笑，说：“有人说我‘装’，那我就‘装’到死。”

探析制度廉洁性评估*

/杨馥源

十七届中央纪委六次全会指出，要“认真开展制度廉洁性评估”。开展制度廉洁性评估是从源头上预防和治理腐败的重要途径，是提高制度执行力、维护制度权威性、强化制度反腐的重要举措。笔者认为，科学完整的制度廉洁性评估，既要做到“瞻前”评估，在制度出台前进行前置审查，减少和防止一些“不合格”制度“出炉”；也要做到“顾后”审计，对“出炉”后的制度进行执行绩效审计，避免和纠正制度“空转”。

明确制度廉洁性评估的内容和方式。综合当前的实践经验，评估的对象主要为行政机关制定的制度，内容建议为：是否存在违规违法扩张权力、减免责任，增减公民、法人和其他组织的权利义务，以及利益冲突、谋取特定团体利益等情形；设置的自由裁量事项是否必要合理，自由裁量幅度是否适当；执行程序和办事流程设计是否科学规范、公开透明、高效便民；行政权力配置是否合理，监督制约措施是否有效，制度执行是否到位，责任追究机制是否健全等。评估的环节建议为：一是前置简易审查。对信息量较小、内容较简单、涉及面较窄的制度文稿，以纪检监察机关和政府法制部门为主进行审查，在规定时限内出具

* 选自《中国纪检监察报》2011年11月18日。

评估意见书。二是前置听证审查。对于信息量大、专业性强、内容复杂、利益相关方牵涉多的制度文稿，由纪检监察机关组织专家进行听证，在规定时限内出具否决或通过的评估意见。三是廉政制度审计。主要运用“绩”、“效”两项指标对制度的执行情况进行评估。根据测评结果，分级管理，分类预警，公开问责，及时纠正制度执行中存在的问题。

赋予制度廉洁性评估“一票否决权”。主要目的是防止个别部门未经前置审查就出台某项制度或向人大、政府提交审议稿。对此，应当赋予制度廉洁性评估“一票否决权”，即对于未经前置审查就擅自以多部门名义联合发布某项制度的，按程序撤销该项制度，追究部门领导责任；对于未经前置审查就擅自以多部门名义联合发布某项制度的，按程序撤销该项制度，追究牵头部门领导责任；对于未经前置审查就擅自向人大、政府提交审议稿的，责令提交部门撤回审议稿，追究提交部门领导责任。进而使政府部门形成这样一种自觉，即一项制度未经前置审查不能发布，即使发布也当判定无效；当制定新的制度时，要以书面形式咨询评估机构，请求帮助审查必要性、合理性、缜密性、程序性等方面的问题。

实行严格的制度廉洁性评估究责机制。在探索制度廉洁性评估工作中，最难的环节就是责任追究。因此，建议对于未经前置审查就擅自发布某项制度或向人大、政府提交制度审议稿等违反程序的行为，对部门主要负责人进行提醒谈话，对分管负责人视情给予通报批评、诫勉谈话、取消当年评优评先资格等处理，必要时采取组织处理措施；对制度执行不力的，区分不同情况和后果，给予部门负责人诫勉谈话、取消当年评优评先资格或一定时期内不得提拔重用、调离工作岗位、停职、免职等处理。对于经查实并达到追究责任条件的有关人员，应从快处理相关责任人员，确保制度廉洁性评估的权威性和严肃性。

贵州省圭叶村“五合章”民主管理模式的创新实践与启示*

/杜晋黔

建设社会主义民主政治这座大厦必须夯实基层群众自治制度这块地基。通过对贵州省锦屏县平秋镇圭叶村的实地调研可以发现，该村的自治管理模式很有特色，该村创造的“五合章”理财管理模式，不仅完善了该村村务公开和民主管理制度，增强了村级组织的服务功能，而且提升了该村的村级组织管理水平，使之成为扩大该村基层民主、完善村民自治的新突破口。这一创意，对启发我国68万个行政村积极探索具有本村特色的民主管理模式具有一定的启发作用。

一、“五合章”的诞生、运行及改进

贵州省锦屏县平秋镇圭叶村是国家重点贫困村，人均年收入600元左右，全村面积0.87平方公里，辖4个村民组，86户，347人，是典型的侗族村寨，每年县财政给村里下拨的办公经费只有5000元，村里偶尔也会得到一些扶贫捐赠款，除此之外无其他收入。2006年4月以前，圭叶村的财务没有印章，也没有制度，到了年底，财务虽公开，但很简单，只有两项：招待费、办公费，然后一个总数。多年来，这些为数不多的公款怎么用，用在哪儿，常常引起村民们的不满和质疑。

* 节选自《贵州教育学院学报》2008年第11期。

据该村村长说，2004年底，村委会在公示收支情况时，一个村民看后当场就把公示撕了，并声称"村干部做什么事情都不公开，村里的钱被村干部吃了"。村民对村财务的管理产生了怀疑，引起了干群关系紧张。"村务要真公开，理财要真民主！"村支书谭洪勇开始意识到，解决民主理财问题已经刻不容缓。全村多数群众反映得最为强烈而又必须认真解决的突出问题是——"村务公开"。而村务公开的重要内容就是民主理财制度和财务公开制度。

怎样才能让群众相信，让干部放心？

2006年2月21日，村里专门召开了一个全体党员和村干部会议，共同商讨村务公开问题，尤其是财务监督管理问题。村支书谭洪勇在会上不划框框，不定调调，不设禁区，充分发扬民主，让大家解放思想，实事求是，充分发表自己的意见和主张。会上，支部委员、村委会会计谭洪源提出，能否刻这么一枚审核章：分成五瓣，四个村民小组各选一名代表，再加上一名支部委员，五个人各管一瓣，村里的开销须经过五人完全同意后，才能把五瓣章合并起来盖上，把财务的审批权交给村民。与会党员、干部一致认为：该枚章"一分为五"，既体现了民主管理的理念，又包含了权力接受监督的道理，还坚持了党组织在村民自治工作中的领导地位。一个值得探索的管理模式，大家一致赞同尝试。会后，支书谭洪勇根据会议精神，用铅笔在纸上勾画了一张草图：图章呈圆形，由"平秋镇"、"圭叶村"、"民主理"、"财小组"、"审核"五瓣组成。经过12天的精心雕琢，这枚被支书谭洪勇形象地称为"五合章"、被网友称为"史上最牛公章"，在圭叶村诞生了。

为了使"五合章"的运行制度化、规范化，村委会于2006年3月20日制定了《圭叶村民主理财制度》：1. 规定每个季度的最末一天为民主理财日；2"五合章"分别由4个村民代表和1名支部委员各保管一块；3.支出发票必须经过村民理财小组成员审核，凡小组成员人人同意开支，就把5块章合并起来盖上，盖了章的发票方可入账报销；4.每张支山票据必须注明廾支事由和时间，对时间不清、事由不明的票据不能入账报销。

2006年4月3日，村里召开全体村民大会，选举产生了"圭叶村第一届民主理财小组"成员。此次选举以村民小组为单位，每一小组选举一名代表与支部委员一起掌管财务章。经民主选举，一组的谭俊汉、二组的谭俊滔、三组的谭元煜、四组的谭洪灿和支部委员谭洪源共五人当选。自此，"五合章"民主理财模式在圭叶村开始运行。每季度最末一天召开民主审核会议，共同商讨并决定村干部办公事、出公差的经费支出问题。他们认真执行《圭叶村民主理财制度》，对每一张票据进行仔细的审核。一次，在审核村主任去县农业局开扶贫会的票据时，发现三天28元花费中有香烟、吃饭的费用。一位小组成员认为，会议是包吃包住的，只能有车费，不同意报销烟钱和饭钱。经协商，还是达不成统一意见，于是就把发票撤了下来。

圭叶村总人口347人中，外出务工人员就有118人。这其中就包括掌握"五合章"的成员也外出打工了。这种情况下，村、支"两委"研究决定，对民主理财小组成员进行改选。这次改选不再以村民小组为单位，而是直接在全体村民中进行"海选"，得票最多的5人成为村里掌握财政大权的人。2007年4月3日通过"海选"产生了"圭叶村第二届民主理财小组"成员。此次会议还对理财制度进行了修改：将小组成员人人同意开支方可入账报销的协商一致原则，改为小组成员五分之三以上同意开支方可入账报销的少数服从多数原则。据支书谭洪勇介绍，这主要是为了防止理财小组的某些人滥用否决权。

"五合章"民主理财制度自2006年4月运行以来，截至2007年底，盖章同意报销的票据共258张，不同意盖章的票据共5张。这说明村干部的行为绝大多数是规范的，大家都是在严格按章办事，所以得到了绝大多数村民们的支持和拥护。

随着"五合章"的成功实施，村民对村财务问题的怀疑和议论少了，信任和理解增加了，参与村公共事务和公益事业的积极性高了，民心凝聚了，村干部干事和创业的信心更足了，彻底扭转了工作被动的局面。2007年被列为全镇计划生育"三新"（新农村、新农民、新农家）示范村、"平安村寨"示范村和"廉政文化"示范村。现在，圭叶村已由一个后进村变成了先进村，由一个名不见经传的小村变成了全国知名的村。中央电视台《朝闻天下》、《社会与法》、《共同关注》、《实话实说》栏目以及《人民日报》、中央人民广播电台、新华通讯社四大权威媒体等都对"五合章"进行了报道。

二、"五合章"的启示

（一）尊重农民的首创精神，切实保障村民民主权利

"创新是一个民族的灵魂，是一个国家兴旺发达的不竭动力。"就村民自治制度而言，也需要不断地创新。如果全国68万个行政村都千篇一律地要求用一种模式的话，那村民自治的成效将会大打折扣，基层民主建设也将失去活力。所以，村民自治制度要不断地创新，且还要富有特色。谁来创新？当然是全国的9亿农民，只有他们才是基层民主建设的实践者，是村民自治制度创新的主体。

当前，我国农村人民群众参与民主政治的平台主要是村民大会和村民代表会议，但这不是农村基层民主形式的唯一，我们还要小断构筑农村基层民主参与的新平台。"五合章"就为圭叶村村民参与民主构筑了一个新平台。通过这一平台，有效地调动了村民民主参与的积极性和主动性，合法地维护了村民的权利，增强了村民的权利意识。

一种好的制度的设置就是要使个人利益在社会中得到充分表

达和保护。"五合章"制度的真谛就在于通过村民最广泛的参与，选出代表多数参与者意志和利益的人来掌管村里的财务，将财务项目的知情权、财务开支的决策权、财务执行的参与权和财务管理的监督权这"四权"真正交给村民，体现实实在在的民主自治。因此，圭叶村"五合章"的出现，不仅反映了中国农村民主的进展，而且培养了广大村民的民主习惯，这个意义非同小可。

（二）将村民监督阵线前移，是"让权力在阳光下运行"的基本要求

公章，对于中国人来说是再熟悉不过的东西，一枚公章甚至能决定一个人、一个单位的命运。现实中，从上至下各级各部门的公章都是完整无分的，由专人保管，其实就是掌握在"一把手"手中，这样容易集权，容易导致权力失衡，不利于民主决策，甚至会产生滋生腐败的土壤，引发腐败问题。圭叶村探索出的"五合章"民主管理模式就起到了范例的作用，它改变了"一枝笔"的状态，突破了原有的权力构架，让村级财务管理和使用权不再集于"一把手"一人之手，而是分为五份。这方法虽说"土"了点，但让权力在五人之间相互制约，是符合十七大提出的要"让权力在阳光下运行"这一精神的。"五合章"虽仅仅只是村民的一种自治管理模式，但其折射出的意义却很深。第一，暗合了"分权制衡"的原理，是一种最朴实的对权力监督和制约的载体，它的运行起到了村民希望看到的权利利益分配的公平与公正的作用。第二，确保了村民监督阵线的前移。实现了村务从结果公开到过程公开、从专制决策到民主决策、从纵向监督到横向监督、从对上负责到对下负责的转变。第三，构筑了"让权力在阳光下运行"的机制。"现在我们花钱特别小心，因为担心理财小组不通过。"圭叶村村支书谭洪勇如此表达"五合章"运行以来的感受。这说明，"阳光"是最好的反腐利器，让权力在阳光下运行，可以提高村委及村干

部工作的透明度和公信力，充分发挥好群众的监督作用。

圭叶村"五合章"民主管理模式的创新与实践，不仅发展了该村的村民自治制度，而且为该村探索出了一条基层民主建设的新途径。通过它的启示作用，可以推动全国的村庄创新适合本村的民主管理模式和科学的监督管理机制，并通过监督来制约村干部用权的随意性，以防止权力滥用，从而真正发挥村民自治作用，进而推进农村的基层民主建设。

福建莆田市两级法院探索执行工作分权集约新机制*

/梅贤明　林栎等

从2009年7月以来，福建省莆田市两级法院经过深入调研，大胆打破“一人包案到底”的传统模式，科学规划，精心设计，建立起以“分权行使、集约执行、流程管理”为核心内容的“分权集约”执行工作新机制，莆田市两级法院的执行工作第一次实现了执行案件的良性循环，数千件积案得以化解。2010年9月，最高人民法院副院长江必新在莆田市调研，对“分权集约”给予了充分的肯定。

莆田法院“分权集约”执行模式与“一人包案到底”的传统模式比较，新机制最大的特色亮点在哪？施行以来效果几何？新机制是治标不治本还是标本兼治？

分权“串联”：从单打独斗到团队合作

“分权行使是指将执行权与执行管理权相分离、执行实施权和执行裁判权相分离、执行实施权中的财产查控权与处置权相分离，并由执行局各内设机构分别行使，相互配合、相互制约、相互监督，确保执行行为的廉洁、高效与公正。”莆田市中级人民法院分管执行工作的副院长黄志雄这样介绍“分权集约”新模式的最大特色，“简单地说，就是将执行流程划分为若干阶段，同时对应设立若

* 选自《人民法院报》2012年2月23日，个别文字有改动。

干执行小组，专门负责特定阶段执行工作。”

根据《莆田中院执行案件分权制衡监督管理流程图》，新流程打破以往由一个法官独任办理一件执行案件的惯例，一起执行案件按照发展进程，被划分为案件启动、财产查控、财产变现、综合结案四个阶段，即执行案件的“分段运行”；配备专门人员分别负责各个阶段的执行工作，中院执行局下设综合组、财产查控组、财产变现组、裁决组四个小组，分别对应行使各阶段的执行权力，即执行案件的“分权行使”。

谈及“分权集约”对于执行工作的重要意义，莆田中院执行局副局长董金勇说：“在‘一人包案到底’的模式下，案件执行的好坏很大程度上取决于执行员个人的单打独斗能力，分权最明显的好处就是执行员个体再也没有以往‘态度决定案件进度’的权力，每名执行员只负责整个执行流程的某个环节，这对于促进廉洁公正执行意义重大。”

但“分权集约”执行新模式的“成长历程”并非一帆风顺。机制试行之初，执行干警有的认为是向执行工作“大锅饭主义”的倒退，有的认为实践中容易产生各环节互相推脱任务与责任的情况。随着新机制的深入运行，干警的担心很快就消除了，并得到充分认可。

“其实，现在的‘分权集约’模式更强调执行各环节的衔接与协作。每起案件都与每个执行员有关，这就是团队协作的基础。”莆田市秀屿区人民法院执行局局长叶剑峰介绍说。

秀屿法院刚好对一被执行车辆成功进行了查扣。由于案件被执行人林某长年不见踪影，经查询也无财产可供执行，导致该案自2001年立案后一直无法执结。2010年10月，查控组在集中查询车辆登记信息时发现，林某在9月购买了一辆高档轿车，但车的行踪依然“神秘”。查控组将轿车的详细信息在执行局内部进行了通报，要求各组人员在外出办案过程中特别留意。当日，变现组人员在返回法院途中意外发现该车停靠于一家酒店门口，立即将情况向综合组通报，综合组立即向查控组通报该信息，十多分钟后，顺利查扣车辆。

董金勇打了个形象的比喻："前一执行环节如果有疏漏，后一个环节势必受到影响，这好比一条串联电路的四个节点，任何一个节点出了问题，整条线路都无法正常运行。"而综合组就是这条电路的"总开关"。综合组负责案件的进出把关，保证执行案件的入口和出口能够统一归口管理；另外，其还负责在审核监督各节点工作结果后，向下一节点发出任务指令，保证执行流程各环节的有效衔接，确保执行流程的顺利运转。

集约"并联"：从零敲碎打到批量作业

"'分权集约'模式给基层法院执行工作带来的最明显改观就是执行效率的大幅提升。"莆田市仙游县人民法院执行局局长林启芳介绍说，"新模式实行后，我院对上世纪80年代以来标的额在5000元以下的1526件执行案件进行了集中查询清理，目前已经完全或部分执结到位497件。"

基层法院的执行力量颇为有限，执行员数量较多的仙游法院共有执行员18名，而莆田市其他许多基层法院的执行员人数不足10人，案多人少的矛盾相当突出。另外，在一人包案到底的模式下，执行资源浪费、重复劳动现象较为严重。

"以前是一案一查询，没有专门的机构负责协调统筹，多名执行干警在同一天前往相同部门查询的情况屡见不鲜，分散查询的情况下，车辆调度很紧张，有时执行员找我派车，我们也是巧妇难为无米之炊啊。"

而在"分权集约"的新模式下，执行各环节工作有了更为专业细致的分工。"现在的情况就不一样了，各组组长根据工作需要对人员进行统一调配，对被执行人财产进行统一调查、统一控制、统一变现。拿查控组来说，所有查控任务由组长根据财产线索的地域范围在全组内统筹分配，指定人员专门负责某一区域的查询工作。一次外出办案带着十几个甚至几十个案件，查询上百件的身份证、存款、房地产等执行信息已经成为常态。”董金勇介绍说。

莆田中院自2009年9月尝试在清理执行积案中引入“分权集约”模式后，执行效率大为提高，在短短一个半月的时间里，共查询身份证信息22822件、企业登记1626件、个人存款信息84601件、房产登记1881件、地产登记16632件；共查封或扣划存款1341.5万元、房产238宗、扣押车辆25辆。“以上工作量按以往做法，至少需要两年的时间才能完成。”董金勇介绍道。

为进一步发挥“分权集约”模式效力，莆田市两级法院还主动与银行、房产、公安等部门建立更为便捷高效的合作方式。莆田中院与银监会莆田监管分局、莆田市银行业协会联合制定出台《关于维护金融安全、加强司法保障的实施意见》，要求辖区各银行按照《莆田市银行业统一办理司法协助公约》的规定，指定专门部门、专职人员为法院的查询、冻结、解冻和扣划业务提供服务，各银行不得另行要求执行法官办理金融机构内部审批手续。仙游法院与当地房产管理部门建立了信息共享平台，执行员足不出户，就可以通过本院的联网电脑查询到辖区所有房产登记信息。依靠这个共享平台，仙游法院今年执结案件同比上升了5个百分点。

“防火墙”效应：从个案监督到系统管理

“‘分权集约’模式的另一个效应是我们没有想到的，以前，当事人对执行效果不满时，往往是连人带案一并投诉信访，有时甚至采取了一些较为极端的方式，这给我们的执行工作带来了较大压力，同时也给执行员增加了心理包袱。现在，一起案件由多个小组协作分工办理，当事人的反映形式也相应发生了变化，主要集中于对案件某一环节的不满，这就有效避免了当事人与执行员个体的直接冲突。”周国平认为“分权集约”模式的运行起到了“防火墙”的效应。

针对记者关心的当事人是否因此投诉无门的问题，周国平说：“这种情况不可能发生。综合组专项负责执行信访申诉的处理工作，根据当事人反映的问题内容进行分类处理，属于哪个环节的问题就向相关小组发出反馈指令，最后再由综合组将反馈意见通报当事人。这就是申诉信访统一进出口。”

为进一步确保“分权集约”模式的规范化运行，莆田中院提出流程化管理、标准化管理、公开化管理的“三化”管理体系，对各执行岗位工作目标、操作流程、工作时限、责任追究等方面作出严格具体的规定，这系列规定有如一道道的“防火墙”：

流程化管理方面，规范案件进出口程序，由综合组负责对所有案件的进口和出口进行把关，要求所有执行案件及时录入局域网和互联网；设置案件移转的审批程序，各环节各小组完成工作任务后、向下一环节移送前，必须书面报告工作情况并经组长、局长审批方可移送；因特殊原因无法在规定时间内完成案件流转的，必须报分管副院长审批。

标准化管理特别针对各办案组的办案时限、结案标准及具体程序作出了严格具体的规定，进行目标管理。综合组收案后应当在3日内完成收案登记及信息录入，财产查控组应当在60日内完成财产调查及控制，财产变现组应当在90日内完成财产变现。无财产可供执行的案件必须严格按照司法解释及相关政策规定查明被执行人银行存款、房地产等财产情况，并将确无财产可供执行的情况告知当事人，才能终结本次执行程序。具体执行程序方面，规定冻结银行存款，必须将冻结期限告知申请执行人，防范冻结期满被银行自动解封的风险；查封土地使用权，必须在查封现场张贴查封公告；评估、拍卖财产，执行员必须到场协助勘验、实时监督等等。

公开化管理方面，莆田中院要求对所有案件均应设立执行日志，载明各环节采取的执行措施、执行地点、执行时间、执行人员等情况，供当事人查阅；所有案件的执行信息均在全国法院执行案件信息管理系统上予以登载，供当事人查询；财产查控组的查控结果必须告知申请执行人，并由申请执行人签字确认；财产变现组对财产的评估及拍卖的情况必须告知当事人，并将告知情况记录在案。

记者在莆田中院看到一份执行总结材料中显示：自2009年7月至2011年11月，莆田市两级法院共收执行案件50627件（含2009年12月31日之前未结执行积案26387件），结案49087件（含清理执行积案26387件），执结率达86.4%，而往年年结案仅为7000件左右，同比增长了10个百分点。"分权集约"模式试行以来，由个案监督到系统管理的"防火墙"效应越来越显现，案件的执结率上升了，信访量同比下降了6个百分点。

“廉情指数”：廉洁可以量化评估* /杜治洲

日前，浙江省宁波市镇海区成立了一个数量超过50人的廉情监测员群体。他们通过社会招募自愿加入，身份不对外公开，定期来开会，每个月都会写信反映情况。在宁波镇海区一张名为“廉情指数”的表格，通过一系列指标，将全区62个行政村和局级机关，按分数高低分为A、B、C三个等级。获得C级者，不仅评优评先资格取消，甚至领导干部有可能因此被撤换。

对政府机关的廉洁情况进行量化评价，是当前廉政建设领域的热点问题和必然趋势，宁波市镇海区推行“廉情指数”，就是一个很好的实践。“廉情指数”通过一系列指标将全区62个行政村和局级机关，按分数高低分为A、B、C三个等级，实施廉政预警，以达到预防和控制腐败的目标。凡是进入橙色预警的单位，便会收到一张限期整改的告知书，如果出现红色，镇海区纪委书记还要找单位一把手进行“廉政谈话”。通过“廉情指数”这样的量化指标来衡量政府机关的廉政状况，能够及时监督和纠正领导干部的行为，促进公职人员公正廉洁，同时还可以提高反腐倡廉工作的竞争性，并推动预防腐败的制度化进程。

宁波市镇海区推行的“廉情

* 选自《光明日报》2012年4月20日。

指数"具有四个鲜明的特征：第一，它符合源头治腐的反腐败逻辑。"廉情指数"的最大特点在于其预防功能。存廉政建设中，预防占有极其重要的地位，发挥着核心的反腐功能。每一次廉情测评，都是对各个部门的一次"廉政体检"，找出现实的腐败问题或潜在的廉政风险，并及时地校正和纠偏，将腐败的苗头扼杀在摇篮中。第二，"廉情指数"的指标体系具有动态性。相关指标的设定要在党内文件和法律法规中寻找合法性来源，但具体指标不是静态的，几乎每年都有变化，会跟着中央惩防体系和上级纪委当年的工作重点来调整。第三，"廉情指数"的应用具有灵活性。不同部门的职能不同，有不同的特点，因此测评指标和测评频度也有所区别。城建、公安等掌握财权和执法权的部门，测评结果每季度汇集；而团委、妇联、信访局等所谓的"清水衙门"，则半年汇集一次。第四，"廉情指数"的内容和应用体现了公众参与，体现了服务型政府的理念。"廉情指数"包含了"群众评议"这一主观指标，这意味着群众对政府机关及工作人员的印象会对测评结果产生重要影响。同时，信息采集上也充分体现了公众参与。镇海区成立了一个数量超过50人的廉情监测员群体。他们是通过社会招募自愿加入的，他们的身份不对外公开，定期参会，每个月都写信反映情况。该群体来源广泛，有人大代表、老干部甚至企业老板。有些企业老板就主动报告了一些部门吃拿卡要的线索。

"廉情指数"如能应用推广到全国其他地区，将会大大促进我国廉洁政府的建设。然而，就目前的情况来看，"廉情指数"还有改善的空间。要完善该指数必须回答以下问题：首先，测评指标的选择是否科学、全面？目前，"廉情指数"包括了效能建设、阳光决策、民主管理、群众评议、人大政协监督等众多指标，但是这类指标之间缺乏一定的逻辑性，因此难免会遗漏一些指标。其次，指标权重的分配是否科学？目前已有的廉政评价指标体系都是以标准化方式将各种不同类型的指标进行加总，其缺陷在于不能衡量指标的聚中度，容易出现“一个胡萝卜”+“一个鸡蛋”=“两个土豆”的结果，这是当前廉政评价指标体系设计中存在的一个突出的共性问题。因此，采用数据挖掘的方式科学地确定测量指标及其权重，将是一个重要的趋势。再次，如何确保信息来源的客观性？我国地方政府廉政建设评价工作起步较晚，因此政府缺乏必要的廉政建设的信息。政府行政程序透明度较差，影响了廉政建设评价信息的真实性和可靠性。评价信息的缺失或不真实，严重影响了评价结果的科学性、客观性。更严重的问题在于信息公开的程度较低导致政府廉政信息难以获取。尽管电子政府和政务公开建设使政府透明度大大提高，但信息公开的范围、形式和时间等仍由政府单方面决定。最后，如何妥善处理测评过程中的各种意见和问题？例如在责任承担问题上就存在不同意见。有官员认为，如果预防腐败的制度是完备的，因为个人原因出事就对整个系统亮红灯，这是不公平的。事实上这并非不公平，“廉情指数”是党风廉政建设责任制的一个具体体现，就是要给各个部门尤其是部门负责人施加压力，促进其搞好廉洁管理。而廉洁管理并非只是建立廉政制度，还包括廉洁教育。如果某单位的公职人员因个人原因出现腐败问题，那也在一定程度上说明这个单位在廉洁教育方面存在缺陷。因此，如何应对“廉情指数”推行过程中的各类问题并不断完善，将决定其是否能够大面积推广。

国外全民参与廉政建设借鉴

/林拓　虞阳

众所周知，腐败是许多国家普遍面临的世界性难题，腐败治理中文化因素的重要作用日益突显，依托文化的影响力与渗透力从而更好地预防腐败，已渐成共识。纵观世界范围的实践探索，廉政建设至少涵盖以下关键方面。

推动行政道德法

道德约束以人们在社会活动中遵循的行为规范和准则为基础，较之其他的刚性制度约束，在治理腐败中更具根本性。

然而，道德约束一般取决于个体的自律能力，随意性与不确定性较强，故而往往难以真正抑制腐败行为。为此，一些国家针对公职人员等特殊群体，将道德的"软约束"与法的"硬制约"相结合，相辅相成地规制其行为。

美国是最早对从政道德进行立法的国家，美国国会1978年通过《政府行为道德法》，并于1989年修订为《道德改革法》，进一步加强政府官员的道德约束。为使道德建设更具操作性，联邦政府专门设立道德建设指导机关——道德署，联邦政府各部门均设立道德官员办公室，地方各州、市也设立道德署或道德委员会。主要职责包括制定、修订公务员道德准则；开展道德教育和培训，使公务员明白什么可为、什么不可为；接受道德咨询，公务员遇到疑惑可随时通过电话、邮件或传真向道德署咨询，避免因不了解道德界限导致的违法行为等等。

道德立法既以法的严格对公职人员行为进行调整规范，更从道德高度对行政机关的总体风气产生广泛影响，因而道德立法不仅存在于法制体系较为成熟的发达国家，也是一些新兴国家预防腐败的重要策略。

韩国于1981年制定《韩国公职人员道德法》（又称《公务员道德法》），对财产申报与公开、礼品登记、离职公职人员从业限制、惩罚条例等作了具体规定。1993年又专门颁布《〈公职人员道德法〉实施令》，对公职人员需遵守的伦理规范作了更加详细的规定。此外，韩国还成立了专门机构负责总统亲属的监督，公职人员伦理委员会对高级公职人员家属的财产状况开展检查，加强对其伦理行为的监管。

严格、具体而可操作性强的道德立法，规避了道德自律的主观性，强化了公务人员的自律意识。道德立法与一般性的反腐败立法相比，均重视避免利益冲突、规范职权行使等内容，但更强调从道德层面对公职人员反腐败思想的强化，具有一定的独特优势。

塑造社会廉洁价值

廉政建设不仅在于约束公职人员行为，更在于塑造崇尚廉洁的社会价值观，公职人员、企业家、普通公民等的普遍自律是防止腐败最有效的手段和关键所在。

社会廉洁价值的塑造深刻根植于不同国家和地区的特定社会文化。北欧是公认的清廉指数较高的地区，北欧国家普遍认同"文化是制度之母"，重视廉政文化培育。以廉洁为荣、贪污为耻的道德传统和社会氛围，使北欧民众大多养成遵纪守法、诚实守信的良好理念，以权谋私被视为令人唾弃的行为，是北欧社会长期较为清廉的重要原因所在。正如芬兰最高检察院总检察长马蒂库西迈基所说，"为达到某种目的向他人行贿，或替他人办事而索取钱财，不符合芬兰人的思维方式，担任法官的30年里，没有一个人以任何形式向我行贿”。

与北欧国家的社会价值观不同，具有东亚文化特征的日本则在廉洁价值观塑造中体现出独特而强烈的“耻感文化”。个人相对较为注重他人的评价，并以此进行内省和反思。社会普遍赞誉诚实守信、一尘不染的人格，对腐败深恶痛绝，即使是细小的过错也常常难以得到媒体和民众的宽恕。

完善学校廉洁教育

如果说实施道德立法与塑造社会价值有利于当下的腐败预防，那么，某种程度上，学校廉洁文化教育的成功与否，对下一代的价值观塑造，乃至国家与民族发展具有更为深远的影响。

新加坡是廉政教育较为成功的国家，通过可持续的廉政教育机制为提高社会廉洁程度、营造廉政良好社会氛围奠定重要基础，成功的关键之一正在于对廉洁教育持续不断地完善，这在半个多世纪以来的学校公民教育中得到集中体现：早在上世纪50年代末，新加坡教育部就公布小学人力教育大纲，其目的是为学生个性发展打下良好的基础，把他们培养成有自尊心的人，成为一个好公民；60年代，教育部颁布道德教育和公民训练的综合性大纲，用以发展学生的社会观和公民职责观念，强调爱国、效忠和公民意识的培养，并建立专门委员会负责新的公民课程教学大纲和训练大纲；至70年代，在继续中学公民课的基础上，在小学开设“生活教育”课，把公民课与历史、地理等课程教学相结合；1988年，新加坡教育部课程发展署成立《好公民》教材组，负责修订及发展新的小学公民与道德教材，强调东方价值观的培养；90年代以来，新加坡中小学中的公民道德教育已十分成熟，反腐部门也经常性地进入中小学开展社会道德教育活动。通过长期的廉政文化教育，使青少年在步入社会之前就已经具备了基本法律知识，确立了遵纪守法的观念，成为治理腐败的宝贵基础。

总体而言，廉政建设的重要价值正备受重视。在我国，六部委联合颁布的《关于加强廉政建设的意见》明确指出，廉政建设是"社会主义核心价值体系的重要内容，是推进党风廉政建设和反腐败斗争的战略举措"，对"从源头上预防和减少腐败现象发生，具有重要意义"。国外经验表明，廉政建设是一项长期的系统性工程，不同国家和地区在道德立法、社会价值塑造、学校廉洁教育等关键方面的经验值得借鉴。

（作者为华东师范大学中国现代城市研究中心研究人员）

俄罗斯反腐败措施及启示*

/迟连翔 齐晓安

一、俄罗斯政府的反腐败历程

腐败与反腐败是一个世界性的课题，在俄罗斯也不例外。早在前苏联时期，由于在高度集权的政治经济体制下，形成了官僚特权阶层，滥用公共权力，大肆盗取国有资产，挪用公款，这些腐败行为的泛滥，造成极其恶劣的社会影响，使执政党及其政府官员失去人民群众的信任，成为国家解体的重要原因之一。叶利钦时代，随着俄罗斯社会政治、经济制度的转型，“俄罗斯出现了权力与资本紧密勾结的寡头掠夺型腐败”，俄罗斯社会腐败问题大有愈演愈烈趋势。目前，在俄罗斯除了存在具有世界共性的两种常见的腐败形式，即国家公职人员贪污和权钱交易外，还存在着两种典型腐败形式：

第一，渎职型腐败，即政府官员故意失职和不作为。拖延办事、互相推诿、官僚主义、不给好处就不办事。这是一种权力设租，依靠职责范围的权限捞取好处，属于政府官员的一种故意不作为。

第二，补偿性腐败，这类腐败主要是政府官员以损害当事人利益相威胁，敲诈勒索。护法部门的工作人员由于工资水平不高，不得不索取好处费作为低工资的补偿。这种腐败形式已经渗透到俄罗斯社会生活的方方面面，恶化

* 节选自《东北亚论坛》2012年第3期。

了社会风气，严重地影响了俄罗斯社会政治经济的发展。

反腐败是俄罗斯政府面临的一个非常复杂、严峻而迫切的问题。俄罗斯政府几代领导人在执政期间，都把反腐败工作当做一项重要的工作来抓。在叶利钦时期，曾经发布了几个与反腐败有关的法律法规，并成立了总统监察总署，领导和监督全国反腐败工作。但这些措施往往流于形式，无法付诸实施。在普京总统执行的8年中，他一直高举反腐大旗，对腐败采取严厉打击态势。2004年1月，俄罗斯成立了总统直接负责的反腐败委员会；2006年俄罗斯加入了《联合国反腐败公约》，成为第52个批准该公约的国家。

在具体工作中，普京采取坚决惩治腐败分子的严厉措施，2001年秋季开始的"反贪风暴"中，一天之内就解除17名政府主要部门的高官。在2003年6月开始的"猎狼行动"中，抓捕一大批高级警官。为了从源头治理腐败，他积极推行政府行政改革，在新组建的政府中，副总理由上届的6个减为1个，部委由上届的30个精减为17个行政人员裁减了20%。在2004年4月签署总统令，实行"高薪养廉"政策，大幅提高政府官员工资使国家公职人员工资收入水平在社会上处于中等偏上。

普京的这些反腐败措施，推进了俄罗斯反腐败立法与反腐败工作机制的建立，取得了一定的成效，得到了俄罗斯民众的拥护和支持。但是，由于缺乏相应的配套措施，反腐行动更多是精英集团内部政治斗争的工具等因素，俄罗斯的腐败现象在普京时期仍没有发生根本性好转。

二、"梅普组合"时代反腐败的主要措施

2008年梅德韦杰夫出任俄罗斯新一届总统。梅德韦杰夫与普京形成"梅普组合"，掀起新一轮反腐败风暴，提出了新思路，加大工作力度，制定了一系列新措施。

（一）制定“反腐败国家战略”，全面规划和组织全国的反腐败工作

针对俄罗斯经济转轨过程中出现的贪赃枉法行为泛滥、行政权力监督不力等现象，在2008年7月，梅德韦杰夫正式签署“反腐国家计划”，组建了由总统直接领导的反腐工作机构，研究制定了一系列反腐败的政策措施，陆续出台了一些反腐败的法律，加大了对一些重点领域反腐败的工作力度。俄罗斯政府逐步认识到反腐败是一项长期性的工作，应当有计划开展，才能取得成效。经过多次反复研究，俄罗斯政府制定了《反腐败国家战略》和《2001～2011年国家反腐败计划》，在2010年4月正式实施。俄罗斯反腐败国家战略是一项综合性的指导纲领，它规定了一个时期内国家反腐败政策的主要方向及其实施阶段，将国家反腐败工作安排由“国家计划”上升为“国家战略”，这表明俄罗斯政府已经从国家发展前途的战略高度对待反腐败问题了。

（二）建立专门的反腐败工作机构，为全面贯彻国家反腐败战略提供组织保障

2008年5月，梅德韦杰夫总统在上任伊始就宣布成立由他直接领导的反腐败委员会，负责全国的反腐败工作；同时，成立跨部门反腐工作小组，由总检察院负责协调所有护法部门，开展打击反腐败的各种行动。2008年12月梅德韦杰夫提出，俄罗斯组建一个统一的纪检机关，由这个机关负责对法官的日常行为进行规范和约束，进而形成一个对行政权和司法权既能相互联系又能够有效制约的反腐败机构体系。

（三）制定《反腐败法》等一系列法律法规，为深入开反腐败工作提供法律依据

俄罗斯联邦政府在反腐败工作中非常注重法律、法规、制度建设。2008年12月，梅德韦杰夫正式签署了《俄罗斯联邦反腐败法》草案和一系列相关法律文件。这部《反腐败法》共有14条，对反腐败

工作，分别从法律基础和组织基础，从基本原则和具体措施，从打击腐败和预防腐败，从国内反腐和国际合作，从行为和责任，从个人责任和法人责任，从宏观和微观等方面，分别做出具体而又明确的规定，为反腐败工作的全面开展提供了依据。

这部法律对反腐败的法律基础，反腐败的组织基础，反腐败的基本原则，预防腐败的措施，反腐败领域的国际合作，国家机关在提高反腐败效果方面的工作方向，国家公职人员提交有关收入、财产和财产性债务信息的义务，国家和自治地方工作人员有报告腐败违法倾向行为的义务，国家和自治地方职务的利益冲突，预防和调整国家与自治地方职务利益冲突的方法，对曾经在国家或自治地方机构中工作的公民在其签订劳动合同时的限制，法人腐败违法行为的责任，自然人腐败违法行为的责任等方面内容进行了具体的规定。

（四）建立官员财产申报和公开制度，强化社会公众对政府官员收入情况的监督力度

俄罗斯政府还出台了《公布俄罗斯联邦公职人员、收入、财产及有价债券信息》等一系列法律、法规，对俄罗斯官员财产申报问题作了详尽规定。按照规定，需要进行财产申报和公开的有三部分人：

第一部分人是在联邦国家政府担任领导职位的人员及其配偶和未成年子女。

第二部分人是在联邦政府中担任国家公务职位的人员，也就是联邦政府公务员及其配偶和未成年子女。

第三部分人是非营利组织性质的国有公司负责人及其配偶和未成年子女。

这些人，在每年4月30日前需要向所在机构中的人事部门申报如下信息：

第一，包括主要工作收入、学术活动收入、教学活动收入、其他创作活动收入、有价证券及商业组织参股收入、银行和其他信贷机构存款收入和其他收入的个人

收入信息。

第二，包括不动产和交通工具等财产信息。

第三，银行和其他信贷机构账户的货币资金信息。

第四，股票、股份、债券、票据等有价证券信息。

第五，财产性债权债务信息。

人事部门在受理申报后，可以将当事人申报的不动产、交通工具和年收入信息在各自的官方网站公布或提供给俄罗斯境内的有关大众媒体。而属于国家秘密或个人隐私等等信息不得随意公布。

政府官员申报信息的完整性、可靠性，由各机构中负责申报的人事部门有选择地进行核实。如果国家公职人员不提供或故意提供虚假信息，就将要面临着被解除国家公职人员身份的惩罚，或者依法追究其他纪律责任。政府机构负责受理申报信息的工作人员，如果泄露国家秘密或个人隐私，将依法追究其法律责任。

2010年4月梅德韦杰夫和普京带头申报并公开上一年度的财产情况，自觉接受全国人民的监督。财产申报和公开，对于提高政府官员的社会威信和积极预防腐败具有积极的作用。

（五）研究制定一系列预防腐败的配套措施

为了落实国家反腐败战略规定的各项工作任务，俄罗斯政府相关部门整合预防资源，还制定一些具体的工作措施，有效地开展预防腐败工作。

一是编制易受贿赂职位名册，开展廉政风险防控工作。俄罗斯联邦政府机构中的各个部门结合各自职责分工和权力运行特点，查找在工作中容易受贿赂的职位，进行分析、归类，并编制出易受贿赂职位名册。对这些掌握权力、易受贿赂职位中担任要职的官员们领取的工资、享受的各种优惠待遇及其日常生活方式和交往对象等方面进行监督。

二是建立预防腐败综合电子数据库。为了增强政府官员收入申报与实际资产的透明度，及时掌握政府官员个人资产变化情况、个人家庭成员状况、个人工作生活状况等信息，俄罗斯政府计划通过整合各部门已有的数据库，建立一个全国性的综合电子数据库，以便及时分析政府官员的廉洁信息，发现腐败官员贪腐行为，为各部门做好预防工作提供预警信息。

三是利用经济手段，加大对贪腐行为的惩处力度。俄罗斯政府通过了对受贿和商务行贿进行巨额罚款的法案。法案规定，对商务贿买、行贿、受贿和在贿赂中的牵线搭桥行为进行罚款，其数额为商务贿买或受贿金额的10倍。

四是通过加强法制教育，提高政府官员素质，从严选拔官员等措施来完善预防腐败工作。

俄罗斯政府在"梅普组合"下采取了一系列措施，在社会上引起了一定的影响，但俄罗斯的腐败问题仍然没有得到及时有效控制，并有愈演愈烈的趋势，在透明国际公布的2010年度世界各国反腐败排名报告中透露，俄罗斯的腐败指数由2010年的2.2下降为2.1，排名由146降至154名，与经济最不发达的刚果持平。这种情况的出现，是俄罗斯政府领导所不愿看到的，它表明：

一是俄罗斯的腐败问题是复杂和严重的，反腐败的形势不容乐观，反腐败工作是一项长期性的工作，任重路远，不可能由于采取了一些措施就会收到立竿见影的效果，要有长期的规划和打算。

二是反腐败的效果具有一定的时间滞后性，这些反腐败措施实施效果，需要经过一段时间的实践，甚至是很长时间的实践，才能逐步体现出来。

三、借鉴与启示

腐败是一种社会历史现象，是一个世界性的痼疾，一个国家反腐败工作能否取得成效，不能仅仅看一时一事，而应当是历史地客观地看其对腐败的态度和采取的措施是否符合实际。俄罗斯政府反腐败工作尽管近期内取得的效果不尽如人意，这与其历史文化传统、国家治理结构不健全、权力监督不力等密切相关，但以梅德韦杰夫为首的俄罗斯政府采取的一系列反腐败措施是有积极意义的，其作用在将来会逐渐显现，对我国目前反腐败工作也有积极的启示意义。纵观俄罗斯政府反腐工作实践，可以给我们如下启示。

最高领导人应当具备惩治腐败的决心和信心

一个国家的最高领导集体，只有把坚决惩治腐败，积极预防腐败，建立廉洁政府，实行清明政治当做执政的历史使命，对腐败行为采取"零容忍"的态度，只有具备这样的决心和信心，才可能从根本上研究自治和预防腐败的政策措施并能坚决地贯彻执行，才能真正赢得人民群众的理解和支持。

研究制定惩治和预防腐败的国家总体规划

要将惩治和预防腐败工作纳入国家政治、经济、社会总体发展战略规划进行统筹考虑。在工作中要认真分析和研究目前社会各个领域腐败现状、产生原因、发展趋势，以及人民群众对这些腐败行为的态度，结合实际，研究制定惩治和预防腐败总体战略规划，并应纳入国家整体发展规划之中。这个战略规划，既要有长期工作目标和愿景，又要近期切实可行的阶段性工作任务和可操作性的具体措施。

加强立法，为惩治和预防腐败工作提供法律保障

结合我国实际尽快研究制定《中华人民共和国惩治和预防腐败法》，用立法的形式，明确我国惩治和预防腐败工作的原则、目标和领导体制、机制等一系列根本性的问题，并尽快制定相关法律，逐步形成内容科学、程序严密、配套完备、有效管用的惩治和预防腐败的法律法规体系，保证我国反腐倡廉工作沿着法制化、规范化的轨道前进。

建立健全专业机构，理顺惩治和预防腐败工作的领导体制和工作机制

惩治和预防腐败，应当有专门的工作机构和专业人员来从事才能发挥更好的作用。结合我国实际，进一步完善具有中国特色的"党委统一领导、党政齐抓共管、纪委组织协调、部门各负其责、依靠群众支持"的反腐败领导体制和工作机制的基础上，建立健全各级政府的预防腐败工作机构，充分发挥专门工作机构和专业人员的职能作用和专业特长，推进反腐倡廉工作的深入开展。

根据新时期的特点，探索切实可行的惩治和预防腐败的技术措施

预防腐败工作是一项系统工程，它不仅需要理论指导，还需要技术支持。我们在惩治和预防腐败工作中应当研究探索切实可行的技术措施，如风险管理的理论和技术、电子政务系统的进一步开发，互联网信息搜集技术等。

（作者为东北师范大学马列主义学院博士、教授）

保持司法廉洁的国际"药方"*

/金晓丹

英国著名哲学家培根说过，一次不公正的审判，其恶果甚至超过十次犯罪。因为犯罪虽是无视法律——好比污染水流，而不公正的审判则毁坏法律——好比污染水源。司法腐败问题是世界性的难题，我国惩治司法腐败问题的决心可谓有目共睹，但是，司法腐败大案窝案屡见不鲜，人民群众对于司法腐败问题也痛加鞭笞。截至2011年2月，在人民网2011年"你最关注的十大问题"调查中，"司法公正"以19223票居第二。

当前，在以经济学为主要分析视角研究司法腐败问题时，研究者发现腐败行为的产生不仅是源于私利，更在于制度安排中的策略结果。因此，对于腐败问题的防治也侧重于通过各种激励措施改变人们的策略行为，从而打破现有制度安排下腐败行为产生的均衡关系。

国际透明组织(简称透明国际，是对腐败问题最权威、最全面和最准确的国际性非政府组织)对37个国家以及不同领域腐败问题的16个经验性的研究表明，司法腐败形式各异并受到诸多因素的影响，比如法律、社会、文化、经济或者政治因素。在对各国司法腐败问题进行研究时，透明国际主要关注"法官选任、条件和情况、责任和纪律以及透明度"四个领域。

* 节选自《法制资讯》2012年第10期。

经过理论分析、实证研究，透明国际在总结司法系统防止腐败行为发生的有益经验的基础上，对惩治司法腐败问题提出了如下26条具体的建议，我们把它们归纳进这四个关键性的问题领域。

法官选任

1.独立的法官选任机构。客观、透明的法官选任程序可以保证只有最优秀的候选人才能被选任为法官，并且可以保证被选任的法官不会对选任他们的政治家或高级法官心存感激。选任程序的核心就在于建立一个不受行政和立法干预的独立的选任机构。选任机构的成员也必须是通过客观、透明的程序而被选任的。行政机关和立法机关的代表不能在选任机构的成员中占大多数。

2.依据能力选任法官。选任的标准应是明确和公开的，候选人、遴选委员会委员和其他人能够清楚地知道选任程序的关键所在。候选人应证明自己是能够胜任法官职务，为人正直的。

3.社会参与。在选任法官时，也应参考社会团体（包括与司法行为相关联的职业协会）对于候选人能力和优势的意见。

条件和情况

4.法官薪俸。法官的薪俸必须与法官的地位、经验、表现和任期内的职业发展相当，法官在退休后应享受合理的退休金。

5.司法保障。法律应当保护法官的薪水和工作条件，以防止法官被行政或立法机关所操纵。

6.法官派遣。法官派遣的标准必须是客观的，这一标准保障了独立办案或不存在腐败行为的法官不会被委派到偏远地区的法院中任职。法官不应当被派遣到与地方政客关系密切的地区的法院中任职。

7.案件分配和法院管理。案件分配要由法官进行，分配的标准必须是明确和客观的。要定期对案件分配进行评估，以防止与政府关系密切或者与商业组织紧密联系的法官分配案件。

8.充分享有信息和培训的机会。法官必须能够通过便捷的途径了解法律、案件和法院程序，并且必须在委任前或委任时接受初始培训，同时在其职业生涯享受持续的培训。这些培训包括法律分析、裁判说理、裁判写作、案件管理以及关于职业道德和预防腐败的培训。

9.任期保障。法官的任期约在10年内被加以保障。法官不得续任，以防止法官为了续任而作出不公正的判决和行为。

责任和纪律

10.豁免。与司法职责有关的豁免是有限的。这种豁免允许法官作出判决而免于被提起民事诉讼，但在法官存在腐败行为或其他刑事犯罪行为的情况下，是不适用豁免的。

11.训诫程序。训诫规则保障了司法机构可以对所有针对法官的检举进行最初的严格调查。必须建立一个独立的机构，调查对于法官的所有检举，并对调查后所做出的结论加以说明。

12.透明和公正的免职程序。法官的免职要有严格和精确的标准。法官的免职机制必须是清晰、透明和公正的，并且必须说明法官被免职的理由。如果在免职中发现法官存在腐败行为，法官则会被提起诉讼。

13.适当的程序和上诉审理。对于任何纪律问题，法官有权要求进行公开的听证，聘请法律顾问并提起上诉。

14.行为准则。司法行为准则为司法行为提供了引导和标准，并应被司法机构加以完善和执行。相关的司法机构必须调查和制裁破坏行为准则的行为。

15.对于揭发者的政策。可信任的、严格的、正式的投诉处理程序是至关重要的。这样的程序可以保障律师、法院工作人员、检察官、警察、媒体以及社会公众能够知晓可能存在腐败行为的人(或事实上违反行为准则的人)或者法官、法院工作人员以及律师的腐败行为。

16.权威和独立的法官协会。一个独立的法官协会应能够在其与国家和政府部门的各种活动中代表其成员的利益。这一协会应选举产生，所有法官都可以加入，在法官遵循职业道德准则方面为其提供支持，并为那些担心自身会受到干预的法官提供保障性的建议。

透明度

17.透明的组织。司法机构必须公布其行为和支出的年度报告，并为公众提供有关其管理和组织的可靠信息。

18.透明的工作。公众需要可靠的途径以获取有关法律的信息、立法修改的建议、审理程序、判决、法律空白、补充的标准、司法选任程序以及法官选任的理由。

19.透明的诉讼服务。诉讼必须按照司法程序公开进行(存在某些例外情况，比如涉及儿童的案件)，公布判决的理由，为社会公众提供便捷的诉讼引导，以引导和帮助在诉讼过程中的决策行为。

20.法官财产的申报。法官应定期申报财产状况，特别是在那些其他政府官员也被要求申报财产状况的地区。

21.司法利益冲突的披露。如果法官对于案件一方当事人存在(或可能表现出)偏见，或者法官从前在该案件中担任律师或者证人，或者与案件的结果有经济上的利益关系，那么在法官知晓此种情形时，法官应公开宣示，并应自行回避。

22.广为熟知的正当程序权利。正式的司法制度保障进入诉讼的双方当事人在诉讼前、诉讼中以及判决后被合法地告知他们享有的权利和程序的性质、比例和范围。

23.表达自由。新闻记者必须能够公正评论审理进程并对法官的可疑行为、或者事实上存在的腐败行为或者偏见之举进行报道。在诽谤案件中，令诽谤行为入罪或者法官对巨额赔偿案件进行判决的法律规定约束了媒体对于可疑的腐败行为的调查和报道。这样的法律规定应被加以修正。

24.评论的水平。新闻记者以及编者应受到良好的培训，以公众可以理解的形式向公众报道法院的审理进程以及当前的法律事件。应当鼓励学术界在学术期刊上展开对于法院判决的评论。在遵守特定条件的前提下，应在大众传媒上进行评论。

25.社会约定、研究、监督和报告。社会组织可以通过监督腐败事件、发现诸如延迟判决或者判决质量低下等潜在的腐败苗头的方式，让公众知晓与司法腐败行为相关的事件。

26.捐赠者的目的正当和程序透明。司法改革的各种项目都应更加关注司法腐败问题。捐赠者应知晓法院程序的评估状况、存在的问题和司法效率的情况。合作项目应公开。

透明国际的这些建议补充了大量的有关司法公正和独立的国际性标准，也增加了各种各样已被非政府组织和政府机构加以完善的监督和报告的模式。

可以说，这里并不存在一套适用于所有国家减少腐败行为的"魔幻般"的结构和经验。透明国际对于不同国家的研究报告突出了不同国家对于保持司法廉洁提出的广泛、多样的建议。这些建议是特定的，因此并不能统一适用。不同的社会状况也许需要在其他地方并不奏效的改革措施。然而，这些建议可以成为我们对于提升司法独立、增强司法责任、提高司法效率、增加司法影响和增进司法公正所进行的司法改革工作的参考。司法机关整体、多样化的改革措施是提升司法公正和抑制腐败行为的关键一步，也希望透明国际提供的经验和建议能够为我国惩治司法腐败问题、保持司法廉洁提供有益的借鉴和帮助。

（作者为最高人民法院司法改革办公室法官）

国外廉洁教育的做法和启示*

/董京燕

重视对腐败行为的预防，采取行之有效的教育措施，成为许多国家和地区的共识。通过对公民进行廉洁教育，营造廉洁奉公、诚信守法的社会氛围；通过严格的法律法规，提高违法行为的成本，以达到规范和约束个体行为的目的。廉洁教育被看做是从源头上防治腐败的有效措施和形成良好社会氛围的重要途径，在反腐败中发挥着不可替代的作用。

一、国外廉洁教育的做法

由于世界各国的社会体制和文化传统不同，腐败现象和行为发生、发展的轨迹也不尽相同，因此，通过廉洁教育预防腐败的形式也是多种多样。尽管在表现形式和实施方法上有所不同，但其根本目的都是以"预防为主"，从源头上遏制腐败问题的发生。很多国家在针对教育的对象、内容、方式、理念等方面已经有了较为成熟的做法并取得了一定成效。

1.教育对象

英、法、德等欧洲国家将国家公务人员作为预防腐败教育的重点。如英国公务员的廉政教育寓于道德建设之中，他们对公务员制定了六条原则，即诚实、负责、客观、政治中立、保密和公平录用，尤其重视通过培训使高级公务员掌握反欺诈和反腐败行为的手段。并将培训与日常工作有机地结

* 节选自《石油化工管理干部学院学报》2012年第2期。

合起来。

2.教育内容

日本、新加坡等亚洲国家注重传统文化的影响，以此作为塑造公民良好品格的基础。日本的耻辱教育形成的耻感文化是其民族文化的一部分，是教育活动独特的形式。新加坡非常注重用东方传统的道德伦理来教育公众特别是学生，努力营造一种良好的社会风气和学风。在对青少年的品德教育上，“饮水思源”、“自律自勉”、“同舟共济”等价值观成为学习重点，教育学生“己欲立而立人，己欲达而达人”，以此培养学生健康的生活方式和昂扬向上的作风；在公务员中大力提倡和发扬中国儒家学说“仁、义、礼、智、信”等积极元素，以“修身、齐家、治国、平天下”为奉公守法的道德理念。

3.教育形式

澳大利亚、美国等国家采用多种形式加强对公务员和公众的反腐败教育。澳大利亚利用大量宣传卡片和挂图对公众进行宣传，有的还利用在牛奶瓶、冰箱门张贴宣传画等方式，使公众知悉自己的职责、权利和工作方式；向社会公布举报电话、通讯方式和网址，教育、宣传和鼓励公众对公务员的违法行为进行投诉；行政监察部门会专门派人深入各个社区，向公众宣传如何正确投诉，以此约束国家公务人员和社会公众的行为。美国对新录用人员根据岗位要求集中培训5~15周，一般培训在网上进行，对新任命的高层官员还要进行一对一的培训。如果网上没有通过测试的人员还要接受面对面的辅导。美国在廉政教育的过程中重视教育的人性化，在枯燥艰涩的道德法律条文后面会附上精选的典型案例，帮助培训对象理解记忆。

4.教育理念

瑞典、芬兰等国家非常注重培养公民公平正义、诚信守法的意识。瑞典非常重视社会诚信体系的建立，他们从公民的儿童时期就着手诚信的教育，因为诚信对瑞典人来说是非常重要的品质，不论是政府官员还是普通公民，如果有不良行为，就会作为污点被如实记录并成为一生的耻辱，在求学、就业、晋级时产生不良影响，因此，很少有人会幻想通过贪污贿赂发不义之财。在芬兰，公民普遍具有较浓厚的法律意识，贪污受贿、侵吞社会财富等行为如同偷盗抢劫，被视为卑鄙肮脏的不义之举，是应当受到社会惩罚的犯罪。芬兰对儿童从小普及法律知识，青年人在步入社会前已具备基本法律知识和遵纪守法的观念。他们还将法律知识作为政府官员的必修课和录用公务人员的必备条件，所有进入政府部门工作的官员一律要宣誓守法，并在任何时候准确把握社交和腐败的界限。

二、国外廉洁教育给我们的启示

通过廉洁教育预防腐败的做法已经在很多国家取得成效，廉洁教育的导向作用、规范作用以及激励和警醒作用得到了充分的发挥，这些都对我国开展反腐倡廉教育工作有所启示。

1.应继续加大对领导干部的教育力度

英、法、德等国除了注重公务员的廉政教育，还对公务员的职责、权限、工作方法和程序从法律制度上加以界定，从而使教育更加有效管用，这些值得借鉴。我国则是以党员领导干部为反腐倡廉教育的重点对象。必须引导和教育广大党员特别是党员领导干部牢固树立正确的权力观、地位观、利益观，牢记立党为公、执政为民的执政理念，自觉抵制消极腐朽思想的侵害，筑牢思想道德防线，增强廉洁从政的自觉性。

2.反腐倡廉教育形式还需创新

相比澳大利亚，我们在向公众宣传教育如何行使和保护自己的权利等方面，还应采取有效方式，扩大公众的知情面，畅通对违法行为的举报渠道，形成上下统一的监督合力。美国人性化的教育方式非常注意研究人的认知规律和行为心理，也是值得借鉴的。

3.社会廉洁意识需全面提高

从世界各国反腐败实践来

看，反腐倡廉教育面向全社会、提高公众的廉洁意识，营造有利于公职人员廉洁从政的社会环境和氛围，是一个成功的做法和经验。一旦廉洁光荣、贪污可耻的思想在人们的心中扎根，无论是个人的内心世界还是社会的主流意识，都会对是非、善恶、美丑保持一个清晰的判断和高度的自觉，从而促进我国廉政法律体系的建设。日本、新加坡、瑞典、芬兰等国家无论是从教育的内容还是教育的理念上，都充分发挥了廉洁教育的引导、规范、教化、激励的作用，通过思想上潜移默化的塑造定型，来增强整个社会反腐倡廉意识的提高。因此，我们应该大力宣传崇尚中华民族的传统美德，深刻挖掘有利于社会进步的先进文化，在公民中形成强大的传统伦理思想压力。

三、对加强我国反腐倡廉教育的几点思考

我国一直高度重视反腐倡廉的宣传教育工作，始终将其作为反腐倡廉建设重要的基础性工作来抓。要使反腐倡廉教育更加扎实有效，还应注意以下问题：

1.分层施教，提高反腐倡廉教育的有效性

开展反腐倡廉教育要坚持以人为本，上到党员领导干部、下到广大人民群众，要根据教育对象的人群划分、职务职级、岗位职责、工作特点、思想状况等不同内容确定不同的教育内容和方式。对于领导干部，要重点开展权力观、地位观和利益观的教育，使他们正确看待和运用手中的权力；对普通党员和一般公务员，要重点开展党风、党纪教育和国家法律法规教育；对政府、金融、工商、税务等重点领域和部门的工作人员，要适时开展预防职务犯罪教育；对普通公民应以社会公德、家庭美德为重点内容，特别是未成年人，要抓好荣辱廉耻观和公平诚信理念等教育。

2.发挥“大宣教”的优势，依靠和调动各方力量

调动综合的力量，就是在党的领导下，通过纪委组织协调，把方方面面的积极性最大限度地

调动起来，并合理地发挥下去，运用报刊、广播、电视、出版、文学、互联网等多种手段，形成宣传教育的整体合力。通过进一步健全联席会议制度、协商会议制度、工作例会制度等，加强组织协调，充分发挥和调动党内教育机构的作用和积极性，有效整合各种资源，形成全党、全社会共同开展反腐倡廉教育工作的强大合力。

3.推动反腐倡廉教育的制度化、规范化、科学化

要建立教育基本制度，充分发挥制度的规范和保障作用，有利于增强教育的规范性、长效性；要建立教育规划制度，围绕一个时期党风廉政建设和反腐败斗争的中心任务，精心谋划长期规划，同时结合各地、各部门的实际研究制定短期计划，做到系统性与针对性的有机统一；要建立教育的长效机制，坚持和完善实践中行之有效的做法，并使之经常化、制度化；要建立效果评价制度，把反腐倡廉教育的“软任务”变成“硬指标”，把抽象的工作具体量化，科学管理并进行考核；要建立教育保障机制，在全党、全社会范围内培养一支高素质宣传教育人才队伍，确保各项教育任务的完成。

4.加强理论研究，形成科学的理论体系

要深入调查研究，了解不同时期、不同地域、不同层次教育对象的政治思想状况，掌握其思想变化的规律，为科学决策教育活动奠定基础。要从教育的性质、地位和作用，到教育的特点和规律，做深入的研究，形成一套科学的理论体系，用以指导工作实践。同时，反腐倡廉教育是一种素质教育、全面教育，要用多学科的研究成果来丰富和完善其体系和内容，吸收包括伦理学、教育学、心理学、社会学、现代科技等众多学科的研究成果，使之有机结合，从而形成科学的反腐倡廉教育理念。

（作者为中石化集团公司纪检监察局二处业务主管）

西柏坡中共中央旧址

西柏坡中共中央旧址位于河北省石家庄市平山县西柏坡镇西柏坡村。

西柏坡是解放战争后期中共中央和中国人民解放军总部所在地，是解放全中国的最后一个农村指挥所。1947年3月，蒋介石派胡宗南率部大举进攻延安，3月18日中共中央撤离延安。3月29日，中共中央书记处在清涧县枣林沟召开会议，决定由刘少奇、朱德、董必武组成中央工作委员会(简称中央工委)，刘少奇为书记，前往华北，开展中央委托的工作。5月，刘少奇、朱德率中央工委到达建屏县(后并入平山县)，随后在西柏坡办公。在中央工委的具体指导下，晋察冀野战军取得了正太、青沧、保北、清风店、石家庄等一系列战役的胜利，召开了全国土地会议和华北财经会议，为统一华北解放区奠定了基础，也为中共中央移驻晋察冀解放区创造了有利条件。

1948年3月，当陕北战局已定、延安收复在即之时，中共中央决定中央领导机关东移华北，与中央工委会合。4月，毛泽东、周恩来、任弼时等到达晋察冀军区所在地——河北省阜平县城南庄。之后，周恩来、任弼时率中央机关部分人员抵达西柏坡，毛泽东继续留在城南庄。5月27日，毛泽东到达西柏坡。西柏坡成为举世瞩目的革命圣地，成为当时中国革命的

七届二中全会会址

领导中心。1948年9月，中共中央在此召开了政治局扩大会议；毛泽东、周恩来、朱德等在这里运筹和指挥了扭转乾坤的辽沈、淮海、平津三大战役；1949年3月，中国共产党在此召开了具有重要意义的七届二中全会，描绘了新中国的宏伟蓝图。在党的七届二中全会上，毛泽东高瞻远瞩地向全党特别是高级干部敲了警钟，提出了全党同志必须做到“两个务必”的著名论述：“中国的革命是伟大的，但革命以后的路程更长，工作更伟大，更艰苦。这一点现在就必须向党内讲明白，务必使同志们继续地保持谦虚、谨慎、不骄、不躁的作风，务必使同志们继续地保持艰苦奋斗的作风。”1949年3月23日，党中央离开西柏坡进驻北平。

西柏坡中共中央旧址大院原来位于西柏坡村东头，有房屋40多处。1958年修建岗南水库后，中共中央旧址大院于1970年12月在原址北面山坡上复原。大门向南，分前后两院，面积1.6万平方米，建筑为砖木结构平顶房。前院自东而西依次为周恩来旧居、任弼时旧居、毛泽东旧居、军委作战室旧址、刘少奇旧居、董必武旧居、中共中央九月会议旧址。后院东北部三间窑洞式建筑为朱德办公室和居室旧址。大院西部前后院之间有中共七届二中全会旧址。在复原过程中，遵循了高度一致、修旧如旧、精益求精的原则，基本保持了原貌，屋内陈设按原状进行了布置，展品主要是当年领袖们的办公和生活用品。

1977年，新建西柏坡纪念馆，建筑面积为3344平方米。1978年5月26日，在纪念中共中央和中国人民解放军总部移驻西柏坡30周年之际，纪念馆举行了开馆典礼，后经过三次较大规模的修改完善。1984年8月31日，邓小平为纪念馆题写馆名。2004年6月20日，重新布展后的西柏坡陈列馆举行了启新仪式。新陈列充分运用最新陈展理念，采用现代化高新技术等陈列手段。该馆馆藏文物500多件，国家级以上文物200多件。为了进一步发挥爱国主义教育的功能，西柏坡中共中央旧址还修建了石刻园，园内有320余幅老一辈革命家题词和名人书法墨宝的大理石刻，中心碑镌刻着毛泽东、邓小平、江泽民的题词。另外还有五大书记铜铸像、周恩来评语碑、领袖风范雕塑园文物保护碑、功德碑以及西柏坡国家安全教育馆、西柏坡廉政教育馆等。

西柏坡中共中央旧址于1982年2月被国务院公布为全国重点文物保护单位，1995年5月被河北省委、省人民政府公布为河北省爱国主义教育基地，1997年6月被中央宣传部公布为全国爱国主义教育示范基地。

中华苏维埃第一次全国代表大会旧址

中华苏维埃第一次全国代表大会旧址位于瑞金市叶坪乡叶坪村谢氏宗祠。

土地革命战争时期，经过三次反“围剿”战争的胜利，赣南、闽西苏区连成一片。1931年11月7日至20日，中华苏维埃第一次全国代表大会在瑞金叶坪召开，中央、闽西、赣东北、湘赣、湘鄂西、琼崖等各苏区及红军各部队代表，设在国统区的全国总工会、全国海员工会的代表610人出席。大会审议通过了《中华苏维埃共和国宪法大纲》、《中华苏维埃共和国劳动法》、《中华苏维埃共和国土地法令》、《中华苏维埃共和国关于经济政策的决定》等，选出毛泽东、周恩来、朱德等63人组成中央执行委员会，宣告中华苏维埃共和国中央临时政府成立，以瑞金为首都的中央苏区最终形成。中央苏区时期，党的军事、政治、经济、文化、党的建设等方面取得显著成绩。瑞金是中华苏维埃共和国党、政、军首脑机关所在地，有大量的革命旧址留存至今，包括叶坪旧址群、红井旧址群、大礼堂旧址群、云石山旧址群、中革军委旧址群等。

中央苏区是中国共产党领导的局部执政尝试，新生的工农民主政权从宪法和法律文件的层面赋予了群众监督的效力，通过设

中华苏维埃第一次全国代表大会会址

立专门机构和建立监督机制拓宽监督渠道。1932年9月，中央工农检察部颁布《工农检察部控告局的组织纲要》规定：各级工农检察部都必须设立控告局，接受和处理工农劳苦群众对苏维埃机关工作人员贪污浪费、违法乱纪和官僚主义等不良作风检举揭发控告。为了方便群众举报，苏维埃政府在工农群众比较集中的地方设有控告箱。并成立了突击队、轻骑队、工农通信员和群众法庭等，广泛发动工农群众对政府及工作人员进行监督，体现了群众监督真实性和广泛性。

中华苏维埃一大旧址所在地谢氏宗祠建于明代，坐东北朝西南，全由青砖和木料建筑而成，占地面积528平方米；分上下两厅，中间天井。1931年11月，为准备召开“一苏大会”，天井上方加盖了玻璃瓦雨棚，下方铺上了木板，使整个宗祠布置成一个宽敞、明亮的会场。中央机关和中央红军主力长征后，旧址遭国民党军破坏。1953年，按原貌修复并对外开放。

方志敏烈士陵园

方志敏烈士陵园位于江西省南昌市经济技术开发区的梅岭山脚。

方志敏（1899—1935），曾用名方正鹄、方远正。江西弋阳人。1922年7月加入中国社会主义青年团。1924年春加入中国共产党。曾担任国民党江西省党部执行委员兼农民部部长，中共江西区委工委书记，江西省农民协会秘书长，全国农民协会临时委员会执行委员，中共赣东北五县工委书记兼暴动总指挥部总指挥。1927年11月领导并指挥了弋横暴动。历任中共弋阳县委书记，弋阳县工农兵代表大会（苏维埃）政府主席，江西省委委员，信江苏维埃政府主席团主席，中共赣东北省委委员、特委书记，赣东北苏维埃主席兼军委主席，赣东北省苏维埃主席，中共闽浙赣省委委员，闽浙赣省苏维埃主席，红10军代理政治委员，闽浙赣军区司令员等职。创建了中国工农红军第10军、红11军和赣东北、闽浙赣革命根据地。1931年和1934年，先后被选为中华苏维埃共和国第一届中央执委会委员、第二届中央执委会委员、执委会主席团成员，在中共六届五中全会上补选为中央委员。1934年12月，任闽浙赣省军区总指挥部司令员、红10军团军政委员会主席，率部转战皖赣边区。1935年1月在江西玉山陇首村被俘，在狱中坚贞不屈，撰

方志敏烈士陵园

写了《我从事革命斗争的略述》、《可爱的中国》、《清贫》、《狱中纪实》等十多篇著作。1935年8月6日在南昌英勇就义。

1955年，中共中央作出寻找方志敏遗骨的决定。1958年，戴有脚镣的方志敏烈士骸骨被发现确认。1962年动工建设方志敏烈士陵墓、台阶、碑石、纪念碑和灵堂，1965年竣工。墓基由大理石砌成，碑石高3.5米、宽2.4米，上面刻有毛泽东亲笔题字“方志敏烈士之墓”。墓道用花岗岩砌成，共11层，157级台阶，寓意为方志敏烈士从1924年入党后，为共产主义事业奋斗11个春秋和从1931年任赣东北特区苏维埃主席至牺牲时1570个日日夜夜。墓道第九层立有江西省委、省人委撰写的方志敏简历。1977年8月6日举行烈士骨灰安葬仪式。1989年修建烈士陵园围墙。1999年为纪念方志敏诞辰100周年，对陵园进行改造，修建纪念广场、广场北面山脚护坡，约4000平方米草坪和800平方米广场，制作方志敏烈士半身铜像。2001年，立项建设方志敏烈士事迹陈列室。陈列室主体为框架结构，共计两层，檐高11.1米，建筑面积900多平方米，室内展线长160米，布展面积600平方米，展品300余件。布展内容包括六部分：探求真理，投身革命；革命先锋，农运领袖；创建闽浙赣（皖）苏区，投身土地革命；北上抗日，血战东南；狱中斗争，坚贞不屈；英雄伟业，光照千秋。陈列室于2002年12月对外开放。

方志敏烈士陵园于1994年11月被江西省委、省人民政府公布为江西省爱国主义教育基地，2001年6月被中央宣传部公布为全国爱国主义教育示范基地，1986年10月被民政部公布为全国重点烈士纪念建筑物保护单位。

新中国反腐败第一大案展览馆

由中共天津市纪委扩建的天津市反腐倡廉教育基地暨新中国反腐败第一大案展览坐落在原中共天津地委书记刘青山、行署专员张子善的办公地点——天津市西青区杨柳青镇石家大院内。

展览共有7间展室，其中6间展庭，1间按原样复原的刘、张办公室。展览馆共展出照片上百幅，展品数十件，并配有若干影像设备。

展览共分"惊天大案"、"警钟长鸣"和"任重道远"三部分。

"惊天大案"部分由历史背景、投身革命、走向深渊三部分内容组成。以翔实的史料展示了刘青山、张子善由革命功臣因为经受不住执政的考验，背弃共产主义理想信念，在资产阶级糖衣炮弹面前打了败仗，最终堕落成历史罪人的触目惊心的过程。

"警钟长鸣"部分由查处大案、世界现象两部分内容组成。"查处大案"内容主要展览了建国后，特别是改革开放以来，党中央每年都查处一批震惊世界的大案要案。"世界现象"主要介绍印尼、菲律宾、韩国、尼日利亚、秘鲁等部分政府官员贪污腐败行径，说明腐败现象各国共有，是人类历史上不可避免的现象。并以图片、多媒体形式介绍了苏联解体、东欧剧变历史过程。

"任重道远"部分由历史回

新中国反腐败第一大案展览馆

顾、高瞻远瞩、艰辛探索、开拓创新、继往开来等内容组成。以大量图片、文献、文字说明，展示了改革开放以来邓小平、江泽民和胡锦涛的反腐倡廉思想和陈云、乔石、尉健行、吴官正、贺国强等历届中央纪委领导对反腐倡廉工作的艰辛探索，逐步走出了一条具有中国特色的反腐倡廉之路。

展览馆所在的石家大院，是一处有“华北第一宅”之称的晚清民居建筑群，始建于1875年，占地7200余平方米。其建筑结构独特，砖木石雕精美。整个大院有四合套式12个院落，无论是通体格局、建筑风格、还是艺术装饰，都反映了清末民初的文化遗存和民俗民风。